은퇴 후
30년을
준비하라

삼성자산 투자에세이 04

삼성자산 투자에세이 04
# 은퇴 후 30년을 준비하라

2009년 12월 28일  초판  1쇄 발행
2022년 11월 10일  초판 28쇄 발행

지 은 이 | 오종남
펴 낸 곳 | 삼성글로벌리서치
펴 낸 이 | 차문중
출판등록 | 제1991-000067호
등록일자 | 1991년 10월 12일
주    소 | 서울특별시 서초구 서초대로74길 4(서초동) 삼성생명서초타워 30층
전    화 | 02-3780-8153(기획), 02-3780-8084(마케팅)
팩    스 | 02-3780-8152
이 메 일 | sgrbooks@samsung.com

ⓒ 오종남 2009
ISBN | 978-89-7633-412-1  04320
        978-89-7633-363-0  (세트)

삼 성 자 산
투 자 이
에 세
04

# 은퇴 후
# 30년을
# 준비하라

오종남 지음

삼성글로벌리서치

# 삼성자산 투자에세이를 발간하며

평균수명 증가에 따른 고령화 문제가 사회적 이슈로 대두되면서 평생에 걸친 재무 설계의 중요성이 부각되고 있습니다. 인생의 각 단계에 대한 설계가 뚜렷하게 되어 있어야 맹목적인 투자와 비효율적인 저축에서 벗어나 합리적인 자산배분 및 투자전략을 세울 수 있습니다. 이는 지혜로운 경제생활이 어느 한 세대만의 문제가 아니며, 경제 및 금융에 대한 지속적인 학습과 연습이 필요하다는 것을 뜻합니다. 하지만 우리 사회에서 경제에 대한 이해도는 실제 경제활동에 직접 참여하고 있는 성인들조차도 낮은 상태입니다.

집을 짓기 위해 맨 먼저 터를 닦는 것이 중요하듯 보다 풍요로운 내일을 위해서는 튼튼한 기초를 쌓는 것이 무엇보다 중요합니다. 요컨대 투자에 있어서도 경제에 대한 기본적인 이해 없이 일확천금만을 꿈꾼다면 실패할 수밖에 없을 것입니다. 성공적인 투자는 많은 시간과 노력이 뒷받침되어야 가능합니다. 때문에 어릴 때부터, 그리고 성인이 되고 난 후에도 지속적으로 경제에 대한 지식과 지혜를 배워야 합니다. 또한 가정에서,

일상생활 속에서 경제관념과 경제논리를 체험하고 삶에 적용하며 살아가는 것이 필요합니다.

특히 조기퇴직이 일반화되고 노후에 대한 불안정성이 더욱 커지고 있는 지금, 평생에 걸친 재무 설계를 통한 은퇴 준비는 인생의 가장 큰 밑거름을 그리는 중요한 작업입니다. 자신의 투자성향과 투자규모를 파악하고 연령에 따라 투자자산을 적정하게 배분해, 장기적인 안목으로 투자계획을 꾸준히 실천하는 것이 필요합니다. 자신만의 확실한 목적을 가지고 금융시장의 환경과 투자의 흐름을 알아야 투자에서 성공할 수 있습니다.

삼성자산운용에서는 행복한 노후를 위한 성공적인 자산관리와 투자활동을 돕는 것은 물론, 경제의 기본을 이해하고 자녀의 경제교육에 도움이 될 수 있도록 삼성자산 투자에세이를 발간하게 되었습니다. 앞으로도 저희 삼성자산운용은 고객 니즈에 맞추어 보다 다양하고 깊이 있는 정보를 꾸준히 제공할 것입니다. 아울러 투자문화 정착과 함께 고령사회에 대비한 사회적 책임 수행에도 일조할 수 있도록 최선의 노력을 다할 것입니다.

우리의 노후는 준비한 만큼 더욱 아름다워질 것입니다. 부디 이 책이 성공투자의 길로 안내하는 반가운 표지판이 되기를 바랍니다.

삼성자산운용 대표이사 사장  김 석

# 장수는 재앙이 아닌 축복

세간에 우스갯소리로 하는 이야기 가운데 인생의 3대 실패가 있다. 청년 출세, 중년 상처(喪妻), 노년 무전이 그것이다. 앞의 두 가지에 대해서는 이의를 다는 사람이 있다. 평생 출세 못하느니 청년 출세라도 하는 게 낫다느니, 중년에 상처하면 화장실에 가서 웃는다느니 하면서 말이다. 그런데 노년 무전이 인생 실패라는 데 이의를 다는 사람은 거의 없다. 노년 무전이야말로 누구도 이의를 달 수 없는 확실한 인생 실패인 셈이다.

1960년 우리 한국인의 평균수명은 52.4세였다. 그러던 것이 2008년에는 80.1세가 되었다. 이런 식으로 평균수명이 늘어난다면 우리나라 사람의 평균수명이 90세가 될 날도 멀지 않았다. 이를 바탕으로 나는 21세기 삶의 공식이라는 것을 만들어 보았다. 이른바 '트리플 30(30+30+30)'이다. 우리 부모 세대의 삶의 공식을 30+30+알파라고 하자. 즉 부모 밑에서 30년, 부모 노릇하며 30년에, 환갑 이후는 얼마 남지 않은 여생이라는 의미이다. 하지만 21세기를 사는 우리 세대에게는 환갑을 지내고 나서도 또 다른 30년이 기다리고 있다.

그렇다면 오래 살게 된 것은 축복인가 재앙인가? 앞서 살펴본 인생 3대 실패를 여기에 대입해보면 노년 무전인 경우 환갑이후의 나머지 30년은 재앙일 수밖에 없다. 기본적인 생활이 어려울 정도로 노후 준비가 안 돼 있다면 행복한 마지막 30년을 기대하기란 쉽지 않다.

장수를 재앙이 아닌 축복으로 만드는 일, 그것은 각자가 어떻게 노후를 준비하느냐에 달려 있다. 마지막 30년을 시간적으로나 정신적으로 여유를 가질 수 있고, 즐기며 마무리할 수 있는 축복으로 만들기 위해서는 환갑 이전에 열심히 저축해서 노후를 충분히 준비해야 한다.

그러면 우리는 물질적인 풍요만으로 행복할 수 있는가? 1974년 미국 펜실베이니아대학의 경제학 교수인 리처드 이스털린(Richard Easterlin)은 "경제성장이 인간의 행복을 높여주는가?"라는 논문에서 "기본적인 욕구가 충족된 다음에는 경제성장이 인간의 행복을 반드시 높여주지는 않는다"라고 주장했다. 이는 많은 사람들이 가지고 있던 기존의 생각과 배치된다는 의미에서 '이스털린 역설(Easterlin Paradox)'이라고 불린다.

한편 노벨경제학상 수상자인 조셉 스티글리츠(Joseph Stiglitz) 미국 컬럼비아대학 교수가 이끄는 '경제활동과 사회 발전 측정

위원회'는 2009년에 낸 첫 보고서에서, 그동안 한 국가의 경제 발전 주요 지표로 쓰이던 경제성장률이 매우 불완전하므로 이제는 삶의 질과 지속 가능성, 환경 등을 다각적으로 반영할 수 있는 새로운 대안 지표가 필요하다는 주장을 폈다.

흔히 사람들은 경제가 발전하면 행복해진다고 믿는다. '경제'와 '행복'의 상관관계를 의심 없이 받아들이는 것이다. 그러면 여기서 경제발전과 행복이 과연 상관이 있는지, 있다면 얼마나 있는지 따져보자. 먹는 것이 어렵던 시절에는 의식주만 풍요해지면 행복해지리라 생각했다. 그런데 먹는 문제보다 사는 문제를 고민하게 된 지금은 예전에 비해 물질적으로 풍요로운 생활을 누리지만 궁핍했던 때보다 얼마나 더 행복해졌는지 고개를 갸웃거리는 사람들이 많다. 그래서 나는 이 책을 통해 경제발전과 삶의 질의 관계를 새롭게 조명하고자 하는 것이다. 우리는 지금 배고팠던 시절보다 얼마나 더 행복한가?

인생 3대 실패 중 가장 확실하다고 할 수 있는 노년 무전을 겪지 않기 위해 노후를 대비하는 것, 그리고 경제적으로뿐 아니라 정신적, 시간적으로도 여유 있고 행복한 삶을 살기 위해 노력하는 것. 이 책에서 나는 크게 이 두 가지를 이야기하고 싶다.

내가 '트리플 30'의 개념을 만들고 행복론에 관심을 갖게 된 계기는 통계청장으로 근무하면서부터다. 2002년 2월부터 2004년 9월까지 통계청장으로 있으면서, 나는 생명표와 신생아 출산 통계를 들여다볼 기회를 갖게 되었다. 그리고 당시만 해도 인식이 별로 없었던 저출산 고령화 문제의 심각성을 깨달았다. 강연, 기고 등을 통해 저출산 고령화의 문제점과 인식 전환의 필요성을 강조해왔고, 그 내용은 2005년 초 《한국인 당신의 미래》라는 책을 내는 바탕이 되었다.

2004년 9월부터 2006년 10월까지는 미국의 수도 워싱턴 D.C.에 소재한 IMF에서 한국인 최초의 상임이사로 근무하면서 행복이라는 측면에서 우리 한국인의 삶을 조명해보는 기회를 가졌다. 한국인 동포를 대상으로 한 기쁜소리방송에서 매주 〈오종남의 행복이야기〉라는 프로그램을 진행하기도 했고, 기러기 가족의 자녀 교육 상담을 하기도 했다. 한국에 돌아와서는 매주 KBS 1 라디오 김방희의 〈성공예감〉의 "행복한 경제" 코너에 출연하고 있으며, 삼성경제연구소 직원 특강을 녹화한 〈어느 경제학자의 의미와 행복 찾기 공식〉이 리더십 클럽 CEO 특강에 올려져 가장 많은 클릭 횟수를 기록하면서 공감을 얻기도 했다. 이 책은 통계청에서부터 IMF 상임이사 등을 거치면서 쌓은 경험과 깨달음, 그리고 다른 많은 사람들과 공유하고 싶었던 생각들을 묶은 것이다. 누군가가 행복한 노후를 준비하는 데 조금이라도 도움이 된다면, 나로서는 더없이 큰 행복이며 기쁨이다.

끝으로 삼성자산운용의 김성배 부사장, 전영하 상무, 김의진 상무, 김경우 본부장, 그리고 집필 과정에서 도움을 주신 통계청 장치성 과장, 국민대학교 이은형 교수에게 깊은 감사를 드린다.

2009년 12월

오종남

# 차 례

||||

## 1장

# 행복은
# 준비하는 자에게만 주어진다

# 01  세 번째 30년이 다가온다

## ▮▮ 쑥스러운 환갑잔치

시골 출신인 내가 어린 시절 가장 기다리던 잔치는 동네 어른의 환갑잔치였다. 부자는 말할 것도 없고 가난한 사람도 빚을 내서라도 부모님 환갑잔치를 해드리는 것이 자식의 도리요 미풍양속으로 여겨지던 시절이었다. 하루 세끼 밥 제대로 먹는 집이 드물던 시골에서 동네 어른의 환갑잔치는 동네 사람 모두가 그날 하루 배불리 먹을 수 있는 날이어서 설 명절이나 추석 다음으로 모두 기다리는 잔치였다고 말할 수 있다. 왜 그랬을까? 지금 되돌아 곰곰 그 이유를 생각해보니 이해가 간다. 1960년 우리나라 사람의 평균수명은 52.4세였다. 평균적으로 오십을 갓 넘으면 죽던 시절에 환갑을 맞이하면 누구라도 축하잔치를 할 수 있는 일이 아닌가? 그렇게 이해하고 보면 환갑잔치가 왜 요란했는지 쉽게 알 수 있다.

지금은 어떨까? 60세에 어디 가서 나이 먹은 행세를 하다가는 망신당하기 십상이다. 고령화가 심한 시골에서는 60세면 노인 축에도 끼지 못한다. 노인당에 가면 심부름을 도맡아 해야 한다. 마을의 청년회장을 맡은 사람도 있다고 한다. 그런 분위기에서 환갑잔치를 한다는 건 여간 거북한 일이 아니다. 자식들에게도 눈치 보이고 이웃사람들에게도 거슬리는 일이다. 60세 생일을 잔치까지 하며 축하한다는 것이 우스워졌기 때문에, 이제는 주위에서도 환갑잔치를 하는 경우를 찾아보기 어려워졌다. 여느 생일처럼 가족끼리 모여 조촐하게 보내는 것이 일반화되고 있다.

환갑은 이제 우리에게 다른 의미를 갖는다. 노후로 접어드는 길목이자, 각자의 준비 정도에 따라 전혀 다른 생을 살게 된다는 점에서 매우 중요한 시점이다. 환갑을 맞는 사람을 노후 준비가 되어 있는 사람과 그렇지 못한 사람, 크게 두 그룹으로 나누어 볼 수 있다. 노후에 대한 대비가 되어 있는 사람은 '찬란한 황혼'을 맞이할 수 있으나 그렇지 않은 사람은 힘든 노후를 맞게 될 것이다. 사람들은 누구나 자신이 노후 준비가 되어 있는 그룹에 속하기를 바라겠지만, 그것은 남이 해줄 수 있는 일이 아니다. 오직 자신의 노력에 달려 있다.

인생은 요컨대 먹고 사는 것이라고 할 수 있다. 먹는 문제는 생존을 위해 꼭 필요한 조건이다. 사는 문제는 인생의 의미와

보람을 찾으며 살아가는 데 필요한 조건이다. 즉 밥을 먹고 사는 데 큰 걱정이 없으면서 인생의 보람까지 누릴 수 있어야 인간다운 삶이다. 먹는 문제만 해결하면 좀 부족하고 사는 문제까지 해결할 수 있다면 그 사람의 노후는 충만하고 행복할 수 있을 것이다. 그런데 먹는 문제조차 해결하지 못한 사람들도 적지 않을 것이라는 데 문제가 있다. 대부분의 사람들이 지금 자신의 노후에 대해 깊이 생각하지 않을 뿐만 아니라 먼 미래의 일이라고 치부해버리는 경향이 있다.

하지만 준비는 빠를수록 좋다. 자신의 나이가 얼마이든 환갑까지 남은 시간을 계산해보고 자신의 '먹고 사는' 문제를 어떻게 준비하고 해결할지 고민해야 한다. 어떤 사람들이 "아니, 이미 늦은 것 아니냐"며 한탄할지도 모른다. 늦은 것이 하지 않는 것보다 훨씬 낫다. 지금이 당신의 남은 인생에서 가장 젊고 가장 빠른 시점이다.

## ▮▮ '트리플 30' 인생

이제 우리는 오래 살게 되었다. 예전에 우리는 '더블(Double) 30', 즉 30년+30년의 인생을 살았다. 초반기의 30년은 부모의 보호 아래 자라고 교육받고 결혼해서 세상을 살아갈 준비를 했다. 그리고 후반부 30년은 자신이 부모에게 받았던 것처럼 아이를 낳고 기르고 가르치며 보냈다. 이것이 서로 바퀴처럼 맞

물려 굴러가며 세상이 유지됐다. 그런데 지금은 후반부의 30년을 마치고도 남는 수명이 점점 늘어가고 있다.

매년 통계청에서 발표하는 생명표라는 것이 있다. 우리가 태어나서 얼마 동안이나 사는지를 확률적으로 나타내는 표다. 1960년 52.4세에 불과하던 우리의 평균수명은 2008년 80.1세로 48년 사이에 평균수명이 27.7세가 늘어나 이제는 팔순시대를 맞이하게 되었다. 이러한 추세가 앞으로도 지속되리라고 보는 것이 일반적인 생각이다. 보건의학의 발달과 풍족한 영양 덕분이다. 정확한 근거를 가지고 이야기하는 것은 아니지만, 조만간 평균수명이 90세가 되리라는 예상이 턱없는 생각만은

**표 1-1 한국인의 평균수명** (세)

| 연도 | | 남녀전체 | 남자(A) | 여자(B) | 남녀차이(B-A) |
|---|---|---|---|---|---|
| 1960 | | 52.4 | 51.1 | 53.7 | 2.6 |
| 1970 | | 61.9 | 58.7 | 65.6 | 6.9 |
| 1980 | | 65.7 | 61.8 | 70.0 | 8.3 |
| 1985 | | 68.4 | 64.4 | 72.8 | 8.4 |
| 1988 | | 70.3 | 66.3 | 74.6 | 8.3 |
| 1998 | | 74.8 | 71.1 | 78.5 | 7.4 |
| 2005 | | 78.6 | 75.1 | 81.9 | 6.8 |
| 2007 | | 79.6 | 76.1 | 82.7 | 6.6 |
| 2008 | | 80.1 | 76.5 | 83.3 | 6.8 |
| 증감 | (2008-2007) | 0.5 | 0.4 | 0.6 | 0.2 |
| | (2008-1998) | 5.3 | 5.4 | 4.8 | -0.6 |
| | (2008-1960) | 27.7 | 25.4 | 29.6 | 4.2 |

자료 **통계청**

아닐 것이다.

우리는 지금까지 60세 이후의 인생을 여생이라고 불렀다. 이름 그대로 남아 있는 인생이라는 뜻이다. 세상을 살 만큼 살았으니 이제 남아 있는 생은 자투리라는 의미이다. 예전에는 그 말이 맞았다. 평균수명이 52.4세였으니 "살면 얼마나 더 살겠는가" 하는 말이 맞다. 그런데 그 남아 있는 생이 30년이나 되는 때가 온 것이다. 생의 1/3이나 되는 시간을 자투리 정도로 생각한다는 것은 말이 안 된다. 여생이 자투리에서 본격적인 생의 한 부분으로 부각되고 있다. '더블 30'에서 '트리플 30'으로 세상이 바뀐 것이다. 이제 여생은 '남은 생'이 아니라 아름다울 여(麗), 날 생(生), 즉 '아름다운 생'이라는 의미로 바뀌어야 한다.

누구나 노후를 아름답게 보내기를 원할 것이다. 그렇지만 이것이 누구나 누릴 수 있는 호사는 아니다. 마지막 30년을 아름답게 보낼 수 있을지 여부는 두 번째 30년을 어떻게 보내느냐에 달려 있다. 즉 마지막 30년을 위해 얼마나 준비했느냐에 달려 있다는 말이다. "비가 오나 눈이 오나 바람이 부나, 그리웠던 삼십 년 세월." 삼천만의 심금을 울린 〈잃어버린 30년〉이라는 노래 가사다. 인기 가수 설운도 씨가 갈라져 살아온 남북 이산가족의 30년 세월을 주제로 부른 노래로, 이산가족 상봉 장소는 물론 전국 안방을 눈물바다로 만들었다. 잃어버린 30년이라는 노래 제목이 의미심장하게 다가오는 사람이 비단 나 혼자는 아닐 것이다. '지금 즐기고 살면 그만이지' 아니면 '당장 살기에 급한데 내일은 무슨 내일이냐'고 두 번째 30년을 그냥 보내고 있다면, 당신의 마지막 30년은 노래 가사처럼 눈물로 가득 찬 잃어버린 30년이 될지도 모른다.

## ▎▎ 사오정과 오륙도

두 번째 30년 동안에 세 번째 30년을 위해 열심히 준비해야 한다는 점은 누구나 공감한다. 그럼 두 번째 30년을 사는 이들의 현실은 어떤지 알아보자. '사오정'과 '오륙도'라는 말이 사람들의 입에 오르내린 지도 오래되었다. 사오정이란 45세면 정년이라는 말이고, 오륙도란 56세까지 퇴직하지 않고 자리 지키고 앉아 있으면 후배들이 도둑이라고 부른다는 뜻이다. 45세가 되어서 이제 나갈 때가 됐으니 준비하라고 경고를 했는데도 56세까지 자리를 지키는 일은 강심장이 아니면 어렵다.

　유행어는 한 시기의 사회현상을 대표한다. 유행어를 단순히 우스갯소리 정도로 치부했다가는 세상의 흐름을 놓쳐버릴 수도 있다. 이런 유행어의 근저에는 베이비 붐이라는 '인구문제'와 외환 위기라는 '경제문제'가 겹쳐 있다. 우리나라의 베이비 붐은 대략 한국전쟁 직후인 1955년부터 시작해 합계 출산율(15~49세 가임 연령의 여성이 낳는 평균 자녀 수)이 대체 출산율(현재의 인구 수준이 유지되는 출산율로 2.1명) 이하로 떨어진 1983년에 끝났다고 본다. 이 시기에 태어난 이들이 지금 우리 사회의 경제활동의 주축이다. 1997년 외환 위기에 많은 기업이 문을 닫았고 구조 조정 바람이 불었다. 기업은 노동시장의 신축성을 높이기 위해 비정규직을 늘렸다. 정규직조차 언제 해고될지 모르는 불안정한 직장이 늘어갔다. 앞줄에 있던 50대가 베이비붐 세대의 인해전술에 밀려 자연스럽게 희생양이 됐다.

앞에서 나는 평균수명이 90세인 세상이 올 것이라고 얘기한 바 있다. 그때 45세라면 딱 생의 절반이다. 간신히 인생의 분수령에 올라섰는데, 앞으로 살아야 할 세상이 절반이나 남았는데, 정년을 맞아 벌써 안정된 수입을 벌어들일 직장이 없는 것이다. 설사 56세까지 직장 생활을 한다고 하더라도 남은 35년을 직장에서 내몰려 안정된 직장 없이 살아야 한다. 늘어난 평균수명 30년을 위해 준비를 잘해야 한다는 두 번째 30년에, 고령화 대비는커녕 당장 먹고사는 문제를 걱정해야 할 지경에 이른 것이다.

이 문제는 청년 실업과도 관계가 있는 이야기라 언급하고 넘어가려고 한다. 베이비 붐 세대의 대부분은 아직 경제활동의 현장에서 건재한 상태라 당분간 세대교체는 크게 일어나지 않을 것으로 보인다. 이렇게 빈자리가 생기지 않는 데다 성장 둔화 내지는 경제구조의 변화로 일자리도 늘어나지 않는다. 학교를 졸업하고 직장을 구하려고 하는 신규 노동 인력인 청년들이 비집고 들어갈 자리가 없다. 이렇게 청년 실업은 경제 현상보다 훨씬 주기가 긴 인구문제와 얽혀 있다. 그래서 단기적인 정부 정책만으로 쉽게 해결되기 어려운 문제다. 또한 청년 실업은 고령화와 직접 연결되어 있다. 고령화된 인구를 부양해야 할 청년들이 일할 자리를 찾지 못하고 캥거루족이 되어 오히려 부모의 부양을 받고 있다. 설사 일자리를 찾았다고 하더라도 아르바이트와 같은 자신의 앞가림을 하기도 부족한 불완전 취업이 많다.

## ▌▌기대하기 힘든 나라 보험

이런 상황에 처한 청년 세대인데 앞으로는 또 고령화된 세대를 위해 지금보다 훨씬 무거운 세금을 부담해야 한다. 고령자의 복지를 위해 소요되는 천문학적인 예산을 확보하기가 얼마나 어려울지 짐작할 수 있다. 나의 노후를 국가에 미뤄놓고 있어도 될지 생각해보게 하는 대목이다. 많은 사람들이 대책 없이 마지막 30년을 맞이하고 있다. 이들의 노후는 개인이 당하는 고통은 차치하고라도 국가와 사회에 무거운 짐이 될 것이다. 그리고 이런 현상이 단기간에는 해결되지 않을 것이며, 우리 미래의 보편적인 모습이 될 것이라는 데 심각성이 있다. 그렇다고 날마다 현실을 불평하며 손 놓고 노후를 맞이할 것인가?

해결 방법은 없는가? 고령화 문제는 둘이서 한 아이를 낳는 저출산과 밀접하게 연관되어 있다. 실타래처럼 복잡하게 엉킨 현상들을 하나씩 풀어보면 답답한 현실을 해결할 실마리를 찾을 수 있지 않을까?

# 02 자식들이 대안인가?

## ▮▮ 예비군 훈련장의 추억

우리나라는 세계에서 가장 빠른 속도로 저출산 국가가 되고 있다. 아이 적게 낳기로 유명한 일본이 1.4명, 프랑스가 2.0명인데 우리는 1.19명(2008년)이다. '빨리빨리'로 대표되는 우리나라 사람들이 이루어낸 놀라운(?) 성과 중 하나이다. 우리나라의 가족계획은 UN에서도 인정하는 대표적인 성공 사례에 속한다고 한다. 말이 가족계획이지 사실은 산아제한 정책이었다는 것은 예비군 훈련장에서 이루어지던 불임수술 권장 홍보를 보면 잘 알 수 있다. 예비군 훈련은 대체로 남자로서 가장 혈기 왕성할 때 받는다. 정부에서는 이들에게 훈련 면제 혜택까지 주면서 공공연하게 불임수술을 권장했다. 예비군 훈련을 면제해준다는 '작은 혜택'에 솔깃해 꽤 많은 남자들이 불임수술을 했다.

가족계획이 워낙 범국가적으로 강력하게 진행되다 보니 사람들도 영향을 받아서, 아이를 둘만 낳은 부부를 세련되고 교육을 많이 받은 사람으로 보기도 했다. "무턱대고 낳다 보면 거지꼴 못 면한다"는 국가사업 캠페인 구호치고 너무 직설적이고 정제되지 못한 표현이지만 당시의 분위기를 충분히 보여준다. 남아를 선호하는 유교적 전통 때문에 가족계획이 진도를 내지 못하자 "잘 키운 딸 하나 열 아들 안 부럽다"는 표어가 등장하기도 했다.

아들을 낳으려다 딸 다섯에 막내아들 하나 두었다는 집, 아들을 못 낳아서 시어른으로부터 온갖 눈치를 다 받았다는 며느리, 대를 끊어서는 안 된다는 강박관념에 아들을 낳으려고 결국 시험관 아기를 시도한 주부. 불과 몇 년 전까지만 해도 아들을 선호하는 경향은 뚜렷했다. 보수적인 분위기로 유명한 지방의 어느 도시에는 '세계적인 태아 성별 감별 기술'을 가진 병원이 있다고 했다. 그 병원에는 전국 각지의 임신부가 모여들었고 그들의 목적은 하나였다. 태아의 남녀 판별이었다. 판별한 후에 어떻게 했을지는 다들 짐작할 수 있다.

그런데 언제부턴가 분위기가 많이 바뀌었다. 남아선호사상이 현격하게 줄어들더니 요즘은 아예 아들보다 딸을 더 좋아하는 부모가 급속히 늘고 있다. 아들은 키워보았자 무덤덤하고 별다른 재미를 못 느끼는 반면 딸을 키우면 살갑기도 하고 나이가 들수록 엄마와 친구가 되는 등 각별하다는 것이다. 엄마들 사이에 아들을 둘러싼 농담도 있다. 아들은 낳았을 때 1촌이었다가 중학생이 되면 4촌이 되고 대학생이 되면 8촌이 된다는 것이다. 애인이 생기면 사돈의 8촌으로 멀어지고 결혼하면 해외동포나 마찬가지라고 한다. 그만큼 아들은 성인이 될수록 멀어진다.

반면 딸은 대학생이 되는 순간 이미 엄마의 '베스트 프렌드'다. 엄마와 함께 장을 보고 쇼핑을 하고 엄마를 돕기도 하는 등 정서적으로 큰 충족감을 준다. 깊이 있는 대화를 나눌 수 있으며 세상 살아가는 얘기를 충분히 공유할 수 있다. 그래서 아들 월급은 몰라도 사위 월급은 끝자리까지 안다는 얘기도 있다. 또 장가간 아들은 '며느리의 남편'인데 여전히 자기 아들이라고 착각하고 사는 것은 어리석은 일이라는 얘기도 있다. 이런 세태를 반영하는지 요즘은 아이들이 외조부모를 할아버지, 할머니라고 부른다. 그리고 조부모를 부를 때는 친할아버지, 친할머니라고 부른다. 외조부모를 더 가깝게 여기는 요즘 풍속도를 엿볼 수 있다.

## ▮▮ 왕자와 공주가 된 아이들

〈육남매〉란 드라마가 있었다. 1960년대의 가난과 사회적 혼돈의 힘든 세월 속에서 여섯 남매가 울고 부대끼며 성장하는 과정을 그린 드라마였다. 중년이 된 부모는 아련하게 생각나는 그리운 옛 추억에 잠겼을 것이다. 그러나 요즘 세대는 어떤 생각을 했을까? 드라마를 보던 아이가 엄마에게 "엄마! 그때는 동네 아이들이 한집에 모두 모여 살았어?" 하고 물어서 웃음바다가 되었다는 이야기도 있다. 아마 방학 캠프의 합숙소처럼 여러 집 아이들이 다 모여 사는 걸로 생각했던 모양이다. 집집마다 아이가 하나, 많아야 둘이 대부분인 요즘의 아이들이 보기에는 방학 때 캠프에 가서나 볼 수 있는 광경이었으니 의아하게 생각했을 법도 하다.

그때는 아이들이 많기도 했지만 왜 유독 육남매가 많았을까? 부모가 양손으로 잡을 수 있는 아이가 4명, 아버지 지게에 하나 태우고 어머니 등에 갓난이를 업으면 모두 여섯이다. 양손에 잡고, 업고 지고 갈 수 있기에 좋은 숫자가 6명이라고 한다. 물론 농담이다. 다만 이렇게 육남매는 1960년대 우리나라의 평균적인 모습이었다. 정확히 말하자면 1965년 우리나라 합계 출산율은 6명이었다. 합계 출산율이란 인구통계에서 쓰는 전문용어로 가임 연령(15세~49세)의 여성 한 사람이 평균적으로 낳는 아이 수를 말한다. 즉 한 가정에 아이들이 보통 6명이 있었다는 말이다. 그런데 2008년에 우리나라의 합계 출산율은 1.2명이다. 1.2명이란 10집 가운데 8집이 한 명, 2집이 두 명 낳는다는 뜻이다. 또 10쌍의 부부 20명이 아이를 12명만 낳

| 표 1-2 합계출산율(TFR) | | | | | | | (명) |
|---|---|---|---|---|---|---|---|
| 연도 | 1960 | 1970 | 1980 | 1990 | 2000 | 2005 | 2008 |
| TFR | 6.0 | 4.51 | 2.73 | 1.59 | 1.47 | 1.08 | 1.19 |

자료 통계청

| 표 1-3 주요국의 합계출산율(TFR) 비교 | | | | | | (명) |
|---|---|---|---|---|---|---|
| 연도 | 미국 | 프랑스 | 영국 | 일본 | 한국 | OECD평균 |
| TFR | 2.1 | 1.98 | 1.84 | 1.32 | 1.19 | 1.65 |

자료 OECD, "Society at a glance OECD Social Indicators 2009"
주 한국은 2008년, 그외 국가 및 OECD평균은 2006년

는다는 뜻이다. 40여 년 만에 6명에서 1.2명으로 급격하게 줄
어든 것이다.

이렇게 여섯 형제자매가 엉켜 자라던 부모 세대와 한 명인
자녀 세대와는 어떤 차이가 있을까? 아이들이 여섯 있을 때는
'아이들을 키운다'는 표현보다는 '아이들이 자란다'는 표현이
더 적절했다. 부모는 그 많은 아이들을 챙겨 먹이는 일조차도
벅차서 일일이 다 살펴주지 못했다. 아이들은 자기들끼리 어울
려 먹고 자고 놀았다. 그런데 지금은 대부분의 가정에 아이가
하나뿐이다. 엄마와 아빠의 손 네 개가 한 아이를 보살피고 있
다. 아이가 뭐라고 이야기할 필요도 없다. 부모가 먼저 보고 알
아서 불편할 일을 척척 해결해준다. 아이가 태어나는 순간부터
아이에게는 직속 부하가 최대 6명까지 생긴다. 부모와 조부모
그리고 외조부모까지 아이가 손끝으로 부릴 수 있는 직속 부하

가 된다. 이들은 아이의 말이 떨어지기 무섭게 또는 아이가 미처 요구하기도 전에 알아서 문제를 해결해주면서 왕자와 공주로 모신다. 가정에서는 물론이고 학교나 학원 심지어는 직장 일까지 부모가 해결해주기도 한다.

집 안에서 왕자나 공주처럼 대접을 받던 아이들이 학교에 들어가자 학교 폭력과 왕따 문제가 사회 병리현상으로 부각되기 시작했다. 학교는 집처럼 나만 특별히 대접을 해주는 곳이 아니다. 학교에서도 왕자와 공주 행세를 하려는 아이들이나 가정과 다른 분위기에 적응하지 못하는 아이들이 놀림이나 폭력의 대상이 되었다. 이것은 지금 우리의 청년 실업과도 깊은 관련이 있다. 아예 취직을 포기하고 나이 들어서도 부모 품 안에서 사는 캥거루족이 늘고 있다.

저출산으로 인한 문제는 아이들의 문제로 끝나지 않는다. 이 아이들이 부담해야 할 고령 사회의 부담과도 긴밀한 관련이 있다. 이들이 사회의 주역으로 등장하게 될 때 사오정, 오륙도의 부모 세대는 모두 경제활동의 현장에서 한 발 물러서게 될 것이다. 이제 부양과 보호의 입장이 바뀌는 것이다. 왕자와 공주가 되어 보호받는 데에만 익숙해진 이 세대들이 평균수명이 90세까지 늘어난 부모 세대를 30여 년 가까이나 부양해야 한다.

그뿐 아니다. 고령화의 진행으로 이 아이들은 조부모와 외조부모 세대의 부양까지 떠맡아야 할 지경에 이르렀다. 옛날에는 대여섯 명의 아이들이 부모 세대의 2명을 부양하였는데 이제는 1명의 아이가 6명의 부모 또는 조부모 세대를 부양해야 하는 상황에 이른 것이다. 고령화와 저출산이 동시에 일어나면서 지금의 아이들은 장차 큰 부담을 지게 되었다. 그런데 아이들은 하나같이 왕자나 공주다. 과연 앞으로 20~30년 후 자식 세대와 부모 또는 조부모 세대 간에는 어떤 갈등이 일어날 것이며 어떤 해결책이 있을 수 있을까. 모두 진지하게 고민해야 할 문제다.

## ▮▮ 세상에 나온 마마보이들

공주와 왕자로 자란 아이의 문제는 사회에서 더욱 심각하다. 아이가 하나뿐이니 특별한 사정이 없는 한 너 나 할 것 없이 모두 대학 교육을 시킨다. 대학을 졸업한 아이들이 많다 보니 좋은 직장은 들어가기도 어렵거니와 들어가서도 경쟁이 치열해 왕자나 공주로 자란 아이들이 적응하기는 힘들다.

최근 만난 대기업체의 모 부장이 "요즘 신입사원들은 정말 다루기 어렵다"라고 토로했다. 어릴 때부터 좋은 고등학교, 일류 대학교를 우수한 성적으로 졸업하고 영어, 자격증 등을 두루 갖춘 소위 '명문 엘리트'를 뽑았지만 막상 일을 시키려고 보면 꼭 아이 같다는 것이 그의 말이다. 복사를 시키면 '내가 복사나 하려고 그 힘든 시험을 뚫고 들어왔나' 라는 불평불만으로 가득 찬 얼굴을 보이고, 복사지라도 걸릴라치면 그냥 와서 "부장님, 복사지가 걸려서 복사가 안 됩니다"라며 서류를 두고 간다는 것이다. 이럴 때 듣기 좋게 달래야지 야단이라도 치게 되면 다음 날 사표를 내고 안 나온다고 한다.

또 다른 기업체의 임원은 "요즘 입사 시험은 엄마, 아빠의 품으로부터 독립한 젊은이를 가려내는 것이 중요하다"고 말한다. 그는 입사 시험이 있을 때면 여러 가지 종류의 전화에 시달린다. 자신의 자녀 또는 친인척의 합격을 부탁하는 전화는 그나마 참을 만하다. 가장 참기 힘든 전화는 입사 시험을 치르는 예비 신입사원의 부모 전화라고 한다. 그중에서도 엄마의 전화가 더 싫다고 한다. 어떤 엄마는 "우리 아들이 얼마나 대단한 아들인지 모른다. 꼭 뽑아야 한다. 그렇지 않으면 회사가 손해다. 그걸 알려주려고 전화했다"라고 하고, 어떤 엄마는 "우리 아이는 더 큰 기업에도 갈 수 있지만 그래도 내가 권해서 이곳에 지원을 했으니 꼭 뽑으라"고 한단다. 그는 혹시 전화를 한 어머니의 자식 이름이라도 알게 되면 명단에서 제외한다고 말했다.

기업체의 기피 대상 1호가 마마보이 또는 캥거루족 등이다. 일이 조금만 힘들어도 "난 이런 힘든 일 안 해도 먹고살 수 있다"며 뛰쳐나가기 때문이다. 심지어 어떤 증권 회사의 임원은 면접 볼 때 "넥타이는 누가 골라주었느냐?"라는 질문으로 마마보이를 골라낸다고 말한다. "어머니가 골라주었다"라고 대답하는 지원자는 일차로 제외한다는 것이다. 자신이 직접 골랐다거나 여자 친구가 골라주었다고 대답하는 경우는 일단 통과된다. 이처럼 직장에서 '독립적인 신입사원'을 뽑기 위해 노력하고 있는데도 엄마들은 여전히 치맛바람을 일으키며 자식을 끝까지 보살피려고 노력한다. 오래 치마폭에 감쌀수록 자식의 정신연령은 어려지고 사회생활 적응은 힘들어진다.

## ▮▮ '둘이서 한 명'에서 '한 명이 둘'을

부모의 자식 사랑을 내리사랑, 자식의 부모 사랑을 치사랑이라고 한다. 내리사랑과 치사랑 중 어느 것이 더 강할까? 둘 중 하나만을 선택해야 한다면 사람들은 어느 것을 택할까?

이 세상의 모든 생명체의 본질적인 존재 이유는 자기와 똑같은 유전자를 가진 생명을 다음 세대에 전달하는 데 있다. 한정된 자원 속에서 최대한 뛰어난 유전자를 남기기 위해 생명체는 냉혹한 법칙을 만들어냈다. 생식을 할 수 없는 어미는 곧 죽는다. 한정된 자원에서 새끼들이 차지할 몫을 남겨두기 위해서다. 그런데 우리 인간은 생식능력이 끝난 후에도 오랫동안 살아남는다. 그리고 그 기간은 점점 더 길어지고 있다.

여러 가지 학설이 있지만 그중 할머니의 손자에 대한 유별나고 무조건적인 내리사랑을 설명한 '할머니 가설'에 대해서 이야기해보자. 여자는 나이 들수록 우수한 후손을 낳을 확률이 점차 줄어든다. 유전자의 복제가 반복되면서 복제능력이 떨어지기 때문이다. 그래서 생명은 나이 든 여자가 후손을 낳지 못하도록 폐경이라는 진화 과정을 선택한다. 자기가 직접 낳는 대신 자신이 낳은 아이가 낳은 아이를 돌보는 편이 유전적으로 훨씬 더 안정적이기 때문이다. 이렇게 자연의 법칙은 다음 세대를 위한 것이지 이전 세대를 위한 것이 아니다.

나이 든 부모를 모시거나 노인을 공경하는 풍속은 갈수록 없어지고 내리사랑은 갈수록 만연해질 것이라는 점은 불을 보듯이 뻔하다. 2,500년 전 공자가 살던 세상에서조차 그런 걱정을 했다고 하니 앞으로는 더할 것이다. 그러면 노년 부양과 자녀 부양으로 허리가 휘게 될 우리 아이들은 어떤 선택을 하게 될까? 자녀에 대한 부양을 줄이고 부모에 대한 봉양을 늘릴까? 자녀 부양을 늘리고 부모 봉양을 줄일까, 아니면 자녀와 부모의 부양 비율을 같은 정도로 할까? 이는 가정환경, 사회교육 또는 개인의 성정 등에 따라 차이가 있을 것이다. 다만 평균적인 사회현상으로 분석해보면 결론은 자명한 듯하다. 자녀 부양 쪽에 큰 비중을 둘 것이다. 갈수록 자녀들로부터 노인이 부양받기는 어려워질 것이다.

지금은 아빠와 엄마가 아이 하나를 낳아 30년 동안 키운다. 그런데 세월이 흐른 후 성인이 된 아이는 혼자 늙은 부모 두 사람을 30년 동안 부양해야 한다. 상황이 나쁜 방향으로 180도

| 표 1-4 부양비 | | | (%) |
|---|---|---|---|
| 연도 | 총부양비 | 유년부양비 | 노년부양비 |
| 1970 | 83.8 | 78.2 | 5.7 |
| 1980 | 60.7 | 54.6 | 6.1 |
| 1990 | 44.3 | 36.9 | 7.4 |
| 2000 | 39.5 | 29.4 | 10.1 |
| 2030 | 55.4 | 17.7 | 37.7 |
| 2050 | 88.8 | 16.8 | 72.0 |

자료 통계청

역전된다. 부모가 아이 하나 키우며 사는 지금과는 비교되지 않을 만큼 나쁜 상황이다. 통계청에서 발표하는 추계인구에 의한 부양 비율 통계가 있다. 15세 이상 64세 미만의 연령층이 부양해야 하는 연령층의 비율이다. 유년 부양비는 14세 미만 자녀에 대한 부양비, 노년 부양비는 65세 이상 인구에 대한 부양비를 말한다. 이 둘을 합하면 총부양비가 된다. 2000년에 39.5%였던 총부양비는 30년 후인 2030년이면 55.4%로 높아질 전망이다. 노년 부양비도 2000년 10.1%에서 2030년 37.7%로 크게 증가할 것으로 보여 청장년층의 노령 인구 부양 부담역시 그만큼 늘어날 것이다. 왕자병, 공주병에 걸린 이들이 자신들의 생활도 어려울 판에 과연 위 세대를 부양할 수 있을까?

## ▐▐ 자식 보험이 깨지고 있다

웹스터 사전에 의하면 자식들 뒷바라지하면서 부모를 돌봐야 하는 세대를 '샌드위치 세대' 혹은 '낀 세대'라고 한다. 당연히 자식들에게 효도를 받아야 할 것으로 생각하는 부모세대와 자신의 노후는 스스로 알아서 준비해야 한다고 생각하는 자식들 사이에 끼여 있는 세대라는 뜻이다. '말초(末初)' 세대라고 부르자는 사람도 있다. 효도를 해야 하는 마지막 세대이자 효도를 받지 못하는 첫 번째 세대라는 자조 섞인 한탄이다.

예전에는 부모가 늙어 일을 할 수 없게 되면 보통 장남이 부모를 모셨다. 그래서 부모는 장남에게 각별한 애정을 보일 뿐 아니라 대부분의 재산을 물려주고 자신의 노후를 의탁했다. 보험이 없던 시절에 우리 부모들은 '효도를 기반으로 한 노후'를 기대했던 것이다. 자식에게 보험을 든 셈이다. 그런데 지금, 우리 노후에도 이러한 자식 보험이 가능하리라고 생각하는 사람은 점차 줄어들고 있다. 부모들 가운데는 '내가 너희들을 어떻게 키웠는데……' 하며 기대하는 사람도 적지 않을 것이다. 반면 정작 부모를 모셔야 하는 자녀들은 실망스런 답을 한다. 국가 보험도 기대하기 어렵고 자식 보험도 깨지고 있다.

그럼 마지막으로 기대할 수 있는 방법은 뭘까? 자기 보험 즉, 스스로 노후에 대비하는 길뿐이다. 그런데 사오정, 오륙도가 되어 지금 당장 살기도 어려운데 어떻게 준비할 수 있을까? 이제부터 각자 자신에게 맞는 해답을 찾도록 고민해볼 일이다.

# 우물쭈물하다가는 늦는다

## ▌▌우골탑(牛骨塔)

외국 사람들이 이해하지 못하는 우리나라의 교육 열풍은 어떻게 보면 지난 50년간 가난과 궁핍을 극복하고 경제 발전을 이루는 결정적인 뒷받침이 되었다고 할 수 있다. 그래서 경제학자들은 우리나라 경제 발전의 가장 중요한 요소로 인적 자원을 꼽는 데 주저하지 않는다. 천연자원이라고는 거의 없는 우리나라에서는 척박한 경제 환경에서 사람만이 유일한 희망이었다. 그리고 이 인적 자원 창조에 부모들의 지나칠 정도로 적극적인 자녀 교육이 큰 몫을 했다.

하루하루 입에 풀칠하기도 힘들던 50년대에도 자녀 교육의 열성만은 막지 못했다. 심지어 자녀를 대학에 보내기 위해 농사를 짓는 데 없어서는 안 될 소를 팔기도 했다. 그래서 대학이 상아탑 대신 우골탑(牛骨塔)으로 불리기도 했다. 소를 팔아 자녀를 대학에 보내고 부모들이 소 대신 쟁기를 끌며 농사를 지었던 것이다. 부모의 희생적인 뒷바라지를 얻어 교육을 받은 자식들이 60년대, 70년대 경제성장을 이끌었으니 그 역할은 대단했다. 그러나 국가 전체적으로는 인적 자원을 통해 큰 성장을 했지만 개인적으로는 좋기만 한 것도 아니었다.

부모님의 희생, 동생들의 뒷받침을 받아가며 공부를 했던 장남들은 줄곧 가족에 대한 책임감과 부채 의식을 가지고 살아야 했다. 오죽하면 《대한민국에서 장남으로 살아가기》라는 책까지 나왔을까. 장남은 장남대로 고충을 겪는가 하면 동생은 동생대로 원망과 회한을 갖고 산다. 심지어 논이며 밭이며 다 팔아서 자녀를 대학까지 시킨 집은 남은 게 없고 자식을 농사짓게 한 집은 지금 땅값이 올라 수억 원대 부자가 되었다는, '역전 드라마'를 방불케 하는 일들이 주변에서 벌어지고 있으니 세상일은 참 알다가도 모를 일이다.

하지만 아무리 땅값이 오르고 땅부자가 되는 사람들이 있다 하더라도 지금 내 아이의 교육을 뒤로 미루려는 사람은 거의 없다. 그것이 한국의 부모들이다. 나도 그런 교육열의 혜택을 입은 대표적인 사람이다. 나는 태어난 직후 한국전쟁 때 아버지가 전사하시고 홀어머니의 외아들로 자랐다. 어머니의 희생적 교육열이 아니었다면 지금의 나는 없었을 것이다. 그러나 이제는 자녀를 교육시키기 위해 모든 것을 희생하는 '올인'은

안 된다고 강조하고 싶다.

노후 대비에 대해서 이야기를 하게 되면 반드시 나오는 얘기가 자녀에 대한 올인이다. 우리나라 부모들은 자신의 노후는 제쳐두고 오로지 자녀의 교육 및 성공에 올인 한다. 일류 대학에 보내기 위해 고액 과외도 서슴지 않는다. 국내에서 대학을 보내는 것은 유학에 비하면 그나마 알뜰한 편에 속한다. 자녀를 미국의 중고등학교에 보내려면 1년에 5만 달러가 들어간다. 중고등학교 7년에 대학 4년을 합하면 11년인데, 자녀가 둘이면 연간 5,000만 원씩 11년 동안 10억 원이 넘는 돈을 가져야 한다. 미국 유학을 갔다 온다고 더 많은 월급이 보장되는 것도 아니다. 오히려 취직이 더 어려울지도 모르는 일이다.

10억을 쓰고도 별 타격이 없는 가정이 있는가 하면 큰 타격을 받는 가정도 있을 것이다. 내가 하고 싶은 말은 자식에게 올인하지 말고, '하프인'만 하고 나머지의 반은 본인의 노후를 위해 투자하라는 것이다. 이것 때문에 부모들 인생이 망가지는 것이다. 나이는 70세를 넘었고 몸은 아직 멀쩡한데 돈이 없다. 그래서 자식들에게 "내가 젊어서 번 돈 너희들 뒷바라지하는데 모두 썼으니 이제는 너희가 나를 보살펴라"라고 한다. 그러나 자식들은 대놓고 말은 못해도 누가 자기 먹을 것도 남기지 않고 자기들 뒷바라지하라고 했느냐는 생각을 한다. 이것이 현실이다. 진정으로 자식을 사랑하는 방법은 노후에 자식에게 손

그림 1-1 연도별 조기 유학생 수

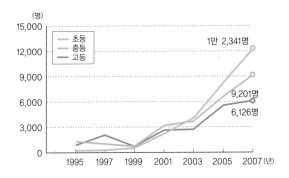

자료 한국교육개발원

벌리지 않는 것이다. 젊어서 자식에게 잘해주는 것이 사랑이 아니라, 늙어서 자식에게 부담을 주지 않는 것이 진정한 자식 사랑이다. 미국 하버드 대학교 경제학 교수인 그레고리 맨큐 (Gregory N. Mankiw)는 만 50세가 되던 2008년 2월 3일 《뉴욕 타임스》에 〈나의 생일 소원〉이라는 칼럼을 기고했는데 그 제목 이 "자식에게 짐 안 되는 것"이다. 늙어서 자식에게 짐이 되지 않는 것이 생일 소원이라고 한 맨큐 교수의 말이야말로 우리 모두가 귀담아 들어야 할 교훈이다.

## ▮▮ 믿는 도끼에 발등 찍히고

워싱턴에 있으면서 나는 노인대학에 자주 불려갔다. 강연하고 상담하면서 느낀 것은 성공한 자식을 둔 부모일수록 자기 발등을 찍는 사람들이 많다는 사실이다.

이런 할머니가 계셨다. 남편은 일찍 죽고 아들 셋이 있는데, 첫째는 한국 대기업의 중역, 둘째는 미국의 변호사, 셋째는 의사였다. 남들이 다 부러워한다. 마침 둘째가 워싱턴 근교에서 모시고 살겠다고 했다. 한국식으로 모시고 사는 줄 알고 같이 살았다. 그래서 할머니는 집을 자식에게 미리 명의 이전해주었다. 한 2년 그렇게 살다가 며느리와 뜻이 맞지 않아 할머니가 더 이상 같이 못 살겠으니 나가라고 했다. 그랬더니 며느리가 정색을 하고 말했다. 이게 누구 집입니까? 결국 할머니가 쫓겨났다. 그래서 내가 방법을 알려드렸다. 나와 상담한 내용을 그대로 내용증명으로 세 자식에게 보내라고. 자식들이 계속 나 몰라라 하면 만천하에 이 사실을 공개하겠다고. 할머니는 그후 오시지 않았다. 찾아가봤더니 이 할머니 말씀이 어떻게 자식들에게 그런 짓을 할 수 있느냐고 못하겠다고 하신다. 나는 그렇다면 할머니의 자업자득이라고 말씀드렸다. 자식을 싸가지 없게 기른 것은 당신 잘못이니 어쩌겠느냐고.

예전에 《내가 정말 알아야 할 모든 것은 유치원에서 배웠다》라는 책이 베스트셀러가 되었다. 나는 유치원을 다니지 못했다. 그 대신 세상 살면서 꼭 필요한 것들은 초등학교(우리 때의 국민학교)에서 다 배웠다. 초등학교에서 제대로 공부한 사람이면 세상 사는 지혜를 모두 터득했다고 말하고 싶다. 우리는 초등학교에서 국어와 산수를 배운다. 국어 시간에는 '주제 파악'을, 산수 시간에는 '분수'를 배운다. 이 두 가지만 제대로 배우면 이 세상을 사는 데 크게 부족함이 없다. 사람들은 항상 주제를 모르고 분수에 맞지 않는 일을 하다가 망신을 당한다. '자녀 교육을 어느 정도 하는 것이 옳으냐?'는 문제는 자신의 분수에 맞느냐 아니냐가 관건이라고 생각한다. 자신의 주제와 분수를 모르고 남을 따라하는 자녀 교육은 본인은 물론 자녀에게도 좋지 않은 영향을 미친다. 찬란한 노후를 준비하려는 우리에게 어느 정도 자녀 교육을 시킬 것이냐는 심각한 문제이다. '주제를 파악하고 분수를 알면 된다'가 답이다. 친구나 친척이 아이들을 유학 보낸다고 분에 넘게 덩달아 유학을 보내는 것은 현명한 방법이 아니다.

## ▮▮ 가족의 부모 부양 41%뿐

주위에는 아직도 '자식들이 있으니까 어떻게 되겠지' 또는 '나라에서 노후 보장책을 마련해주겠지' 하는 기대로 대책 없이 노후를 맞는 사람들이 많다. 이런 생각을 하고 있다면 통계청의 통계를 눈여겨봐야 한다.

통계청의 《2007년 사회통계조사 보고서》를 보면 '노후 준비가 되어 있다'고 대답한 사람은 73%에 불과했다. 그래도 78%

에 이르는 남자는 여자보다 조금 나은 편이다. 여자는 남자보다 7년을 더 오래 살아야 하는데도 남자보다 27%포인트나 적은 51%만이 노후에 대비하고 있다고 응답했다. '부모의 노후 생계를 가족이 책임져야 한다'고 생각하는 사람은 1998년 조사시 90%였으나 2002년에는 71%, 2006년에는 63%, 2008년에는 41%로 10년 만에 반 이하로 줄어들었다. 이렇게 부모의 생계를 가족이 책임져야 한다고 생각하는 사람들이 줄어드는 추세는 결코 변할 것 같지 않다. 얼마나 더 떨어질 것이냐, 얼마나 빠른 속도로 떨어질 것이냐에 관심이 쏠리고 있다.

참고할 만한 통계가 하나 더 있다. 한국노동연구원에서 1980년과 1995년을 비교하여 발표한 "고령화와 미래 노동력의 변화"라는 논문이 있다. 이 논문을 보면 1995년 우리나라 고령자 소득의 56%가 자녀들로부터 받은 것, 즉 사적 이전소득으로, 소득의 절반 이상을 자녀에게 의존하고 있었다. 같은 유교 문화권인 타이완은 우리와 비슷한 수준인 데 비해 독일은 1% 미만이고 미국은 아예 하나도 없었다. 이미 고령화가 심각한 사회문제로 대두된 일본의 경우를 보면 사적 이전소득은 4%에 불과하고 연금과 같이 국가에서 받는 공적 이전소득이 57%를 차지한다. 유사한 문화권이므로 일본은 우리의 좋은 본보기가 될 것이다. 1980년에 16%이던 사적 이전소득이 불과 15년 만에 4%로 1/4로 줄어들었다. 우리나라도 일본처럼 될 날이 멀지 않았다고 생각된다.

## ▮▮ 인생의 3대 바보와 3대 실패

요즘 결혼하는 신랑 신부는 대부분 맞벌이를 한다. 전체 가구의 1/3가량이 맞벌이를 한다는 통계도 있다. 남자 혼자 벌어서는 평균 소득에 미치는 생활을 하기 힘들기 때문이기도 하고, 여자도 사회생활을 하면서 자기 개발의 욕구를 만족시키기 위해서이기도 하다. 그런데 아이를 낳으면 마땅히 맡길 만한 곳이 없다. 탁아 시설은 턱없이 부족한 형편인 데다가 마음도 놓이지 않는다. 그나마 평소에는 탁아소에라도 맡길 수 있지만 탁아소가 쉬는 주말에 근무해야 할 때는 정말 난감하다. 이럴 때 제일 만만하게 부탁할 수 있는 사람은 시부모나 친정 부모다.

주말에 노부부가 함께 놀러갈 계획을 세웠는데 갑자기 일을 해야 한다며 아이를 맡기러 오는 자식들 때문에 모처럼의 약속을 취소하는 사람들을 '첫 번째 바보 노인'으로 친다. 예전 같았으면 가장 복 받은 모습의 노인이 지금은 첫째 바보가 된 것이다.

'두 번째 바보 노인'은 이제 살날이 얼마 남지 않았거니 하고 자녀들에게 미리 재산 다 물려주고 용돈 타 쓰겠다는 사람들이다. 몇 해 남지 않았을 것 같던 노후가 10년, 20년을 넘기게 되면 문제가 커진다. 게다가 병 구완까지 받아야 하는 입장이 되면 상황은 더 심각해진다. 그래서 "3년 병 구완에 효자 없다"는 속담도 생겨난 것이다. 손주들에게는 용돈 많이 주는 할아버지 할머니가 단연 인기가 높다. 결혼하고 아이 낳더니 얼굴 보기도 힘들다고 투덜대봐야 자기 속만 상할 뿐이다. 놀러올 때마다 용돈을 주면 오지 말래도 아이들이 졸라서 오게 된다. 돈으로 정을 사는 삭막한 세상이라고 비판하는 사람도 있겠지만 그렇게라도 하지 않아 얼굴 잊고 사는 것보다는 훨씬 낫다. 최선이 어려운 현실이라면 차선이라도 고려해봐야 하지 않겠는가?

'세 번째 바보 노인'은 손자들이 놀러 와 자고 가면 방 모자랄까 봐 뒤늦게 집 늘려 가는 사람이다. 인생을 가장 경제적으로 산 사람은 죽을 때 장례비만 남기고 다 쓰고 죽는 사람이라고 한다. 근래 역모기지론(Reverse Mortgage Loan) 혹은 주택연금이 노후 생활의 한 방법으로 등장했다. 평생에 집 한 채 마련하고 은퇴하여 별도의 생활비가 없는 사람들이 집을 담보로 생활비를 빌려 쓰고, 자기가 죽으면 팔아서 정산하는 방식이다. 예전에는 정년퇴직한 후 일찌감치 자식들에게 재산 다 물려주고 손자 보살피며 재롱 보고 몇 년 살다 죽는 게 가장 복 받은 노후라고 여겨졌다. 자식에게도 큰 부담 없고 부모에게도 여한이 없는 삶의 방식이었다. 그런데 지금은 몇 년이 아니고 몇십 년을 더 산다. 지금 같은 방식으로는 늙어 몸은 아프고 돈은 다

떨어진 천덕꾸러기 부모로 살게 된다. 이 얼마나 끔찍한 일인가?

인생 3대 실패도 있다. 첫째, 청년 출세. 남보다 너무 일찍 앞서가면 여러 가지로 좋지 않은 점이 많다는 뜻이다. 예를 들면 40대에 장관을 지낸 사람은 장관을 그만두고 난 뒤 남아 있는 긴 세월 동안 무엇을 하고 살지 난감하다는 이야기다. 젊을 때는 그저 남들보다 한 발짝 빨리 가려고 기를 쓰고 노력하지만 오를 데까지 다 오르고 나면 결국 남보다 먼저 나가게 된다. 그래서 요즘 사람들이 '가늘고 길게 살자'를 외치며 욕심을 줄이고 마음을 다스리는 것이다.

둘째는 중년 상처(喪妻). 남자들은 실감할 것이다. 부인이 죽으면 화장실 가서 웃는다는 농담도 있지만 언제 새장가 가고 서로 맞춰가며 살 것인가? 사람이 평생 살면서 가장 큰 스트레스를 겪는 때가 배우자를 잃었을 경우라고 한다. 그만큼 배우자를 잃는 것은 큰 시련이다.

셋째는 노년 무전. 환갑을 맞는데 나머지 30년을 살 경제적 준비가 되어 있지 않다면 자식들에게 손을 벌릴 수밖에 없을 것이다. 그런 사람의 나머지 30년은 악몽일 따름이다. 그러므로 준비된 이들에게 나머지 30년이 축복일 수 있다. 그런데 우리가 모두 준비된 사람에 속한다면 내가 이런 책을 쓸 필요도 없을 것이다. 현실이 그렇지 못하기 때문에 여러분이 이와 같은 책을 읽고 있는 것이다.

## ▌▌믿을 수 있는 건 자기 보험뿐

하루 중에서 사진작가들이 가장 좋아하는 시간은 아침 해 뜨기 전의 여명과 저녁 해 지기 전의 황혼이라고 한다. 이때는 태양이 대지를 비추는 각도가 비스듬하기 때문에 피사체의 윤곽이 뚜렷해지고, 또 빛이 확산되어 분위기가 부드럽게 바뀌기 때문이다. 특히 황혼은 어둠이 주는 강력한 대비로 찬란하고 장중한 광경을 연출해 보는 이들을 감탄하게 한다. 황혼은 보는 사람마다 다른 느낌을 갖게 만든다. '벌써 또 하루가 다 가고 어둠이 찾아왔구나' 하고 한탄하는 사람도 있고, '힘든 하루가 끝나고 이제 집에서 편안하게 쉴 수 있겠구나' 하고 안도하는 사람도 있을 것이다.

여러분이 바라보는 황혼은 어떤 황혼인가? 자식 보험은 효험이 떨어진 지 이미 오래됐다. 그럼 복지국가를 지향하는 정부에 노후를 의탁하면 어떨까? 급격한 고령화와 저출산 진행에 대한 통계청의 경고가 나온 지는 이미 오래되었다. 정부에서는 최근 들어서야 그 심각성을 깨닫고 여러 가지 정책을 마련하고 있다. 고령으로 인한 치매 환자를 돌보는 시책을 마련하고 예산을 확보하기 위해 노력하는 모습이 눈에 띈다. 하지만 정부의 시책은 당장 도움이 필요한 노인 질환을 국가가 치료해주는 수준에 머무르고 있다. 내가 도움을 받을 수 있기까지는 아직도 한참을 기다려야 할 것이다. 왜냐하면 그렇게 되기 위해서는 막대한 정부 예산이 필요하고, 이 예산을 확보하기 위해서는 지금보다 훨씬 더 많은 세금을 거두어야 하기 때문이다. 그런데 안락한 노후생활을 위해 세금을 훨씬 더 많이 내라고 할 때 기꺼이 내겠다고 나서는 사람이 과연 몇 명이나 될까? 아직까지 국가에 노후를 맡기기는 힘들 듯하다.

그러면 남은 방법은 스스로 알아서 준비하는 자기 보험뿐이다. 찬란한 노후를 위해 자식 교육에 투자하는 노력을 반으로 줄이고, 이 노력을 자신의 노후에 투자하는 사람은 찬란한 황혼 같은 노후를 맞이할 수 있을 것이다. 자식에 대한 투자를 줄이는 일이 당장은 자식에게 미안한 일일지도 모른다. 하지만 미리 준비하지 못해 노후에 두고 두고 자식에게 짐이 되는 것보다는 현명한 자식 사랑이 될 것이다. 선택은 각자의 몫이다.

준비된 노후는 축복이다. 60년 동안의 고된 세상살이 끝에 얻은 값진 휴식이자 자신의 생을 의미 있게 정리할 수 있는 시간이기도 하다. 경제적으로도 충분하지는 않지만 아껴 쓰면 어느 정도 여유도 있다. 그리고 더 좋은 것은 시간이 충분하다는 점이다. 그동안 돈 벌어 가족 부양하느라고 엄두도 못 냈던 일들을 하기에 더없이 좋은 때이다. 또한 정신적으로도 원숙한 경지에 달해 있다. 의존도 싫고 희생도 싫다는 노년의 새 물결이 시작되는 것이다. 이보다 더 축복받은 시간이 있겠는가? 그렇지만 준비되지 않은 사람에게는 죽지 못해 사는 악몽 같은 시간이 될 것이다. 몸이 아파 병 구완을 받으며 살 수밖에 없게 되면 최악이다. 경제적으로 쪼들려 당장의 의식주 해결이 안 된다면 나라나 사회의 도움을 어느 정도 받을 수 있겠지만 품위를 지키면서 살기는 어렵다.

"설마가 사람 잡는다"는 우리 속담이 있다. 설마설마하고 대책을 미루다가 결국 일을 당하고 만다는 뜻이다. '그런 일이 설마 나에게 일어나겠어?', '설마 그렇게까지 되겠어?' 하다가 일이 터지고 나면 대책 없이 후회만 하는 경우를 많이 본다. '어떻게 되겠지' 하고 미루다가 당하는 것이다. 부지런한 농부는 북풍한설 속에서도 희미하게 묻어오는 봄기운을 맡을 수 있다. 아직 논밭은 한참 겨울이고 바람도 차지만 봄이 멀지 않았다는 것을 알아차리고 쟁기며 서래며 농기구들을 손본다. 그렇지만 어리석고 게으른 농부는 나뭇가지에 파란 물이 돌고 강남 갔던 제비가 돌아와 날아다니는 것을 보고서야 비로소 봄이 왔다는 것을 안다.

하늘을 나는 비행기가 방향을 바꾸기 위해서는 방향 전환점 수 킬로미터 앞에서부터 준비를 해야 한다. 바다를 항해하는 대형 선박 역시 수백 미터 앞에서부터 미리 준비를 한다. 반면 땅 위를 달리는 자동차는 몇 미터 앞에서 핸들을 조정해도 방향을 바꾸는 데 크게 무리가 없다. 방향을 선회하는 조건은 이렇게 처해 있는 상황과 속도에 따라 달라진다. 찬란한 황혼을 위한 준비는 비행기의 방향 전환과도 같다. 준비에 30년이 걸리는 일이다. 당장의 일이 아니라고 미루고 미루다가 발등에 불이 떨어진 다음에 서둘러봐야 이미 때는 늦다.

1925년 노벨문학상을 받은 극작가 조지 버나드쇼는 우리에게 뮤지컬 〈마이 페어 레이디(My Fair Lady)〉로 잘 알려진 세계적인 극작가다. 그의 묘비에는 극작가다운 묘비명이 쓰여 있다. "우물쭈물하다가 내 이럴 줄 알았다(I knew if I stayed around long enough, something like this would happen)." 우리의 정곡을 아플 만큼 콕 찌르는 글이다. 우리가 우물쭈물하는 순간에 노후는 소리 없이 발밑으로 기어들고 있다. 그때 가서 '아차!' 하고 가슴을 쳐봐야 버스는 이미 떠나고 없다.

## ▮▮ 조삼모사의 재해석

조삼모사(朝三暮四)란 먹이를 '아침에 셋, 저녁에 넷' 준다는 데 불만이던 원숭이가 '아침에 넷, 저녁에 셋' 준다고 하자 만족해하더라는 이야기를 빗대어 어리석음을 일컫는 사자성어이다. 그러나 나는 이 말을 좀 다르게 해석하려고 한다. 아침에 3인 것이 저녁에 4가 될지, 5가 될지 알 수 없기 때문이다. 내가 들은 실제 예를 하나 소개해본다. 한 지인이 20여 년 전 적금 500만 원을 타게 되자, 이 돈으로 중학교 3학년에 올라가는 아들을 태우고 다닐 때 쓰라고 부인에게 자동차를 한 대 사줄 계획을 세웠다. 그런데 마침 아는 이가 차를 바꾼다며 자기 차를 200만 원에 사가라고 했다. 새차 대신 중고차를 산 덕에 생긴 여유자금 300만 원으로 이 사람은 고향에 땅을 사두었다. 지금 그 땅은 3억 원을 호가한다고 한다. 같은 100만 원을 저축하더라도 20세 때 100만 원과 30세 때 100만 원은 분명히 다르다.

나는 노후 대비를 위해 많은 사람들이 하루라도 빨리 고민하고 실천해야 한다고 생각한다. 돈이란 시간에 비례하여 불어나기 때문이다. 물론 워낙 돈이 많아서 부동산이며 주식이며 골고루 재테크를 하고 있다면 얘기는 달라질 수 있다. 하지만 노후 걱정을 하지 않아도 될 정도로 부유한 집이 과연 세상에 얼마나 되겠는가. 노후 대비는 우리 모두의 문제이며, 지금 이 순간부터 각자가 스스로 준비해야 할 과제다.

# 04 　　　부부, 행복의 시작과 끝

## ▌▌기러기 가족의 비극

2001년 2월, 나는 IMF 대리이사 직무를 마치고 청와대 재정경제비서관으로 부름을 받아 워싱턴을 떠났다. 그리고 2004년 9월, 한국인 최초의 IMF 상임이사로 임명되어 워싱턴에서 다시 일하게 되었다. 3년 반 만의 일이다. 짧은 기간 동안에 변한 것 중 하나가 '기러기 가족'이라는 가족 형태가 눈에 띄게 많아졌다는 것이다.

기러기 가족이란 자녀들을 외국에 유학 보내느라 가족이 떨어져 사는 사회현상을 가리킨다. 아버지는 한국에 혼자 남아 돈을 벌어서 보내고 어머니는 자녀들 뒷바라지를 위해 직장도 그만두고 외국으로 따라가다 보니, 온 가족이 자녀 교육에 모든 것을 걸고 매달리게 되는 형국이다. 한국에 혼자 남게 된 어떤 아버지가 외로움과 소외감에 시달리다 정신적 황폐를 견디지 못하고 스스로 목숨을 끊은 일이 보도된 적도 있다. 자녀들은 자녀들대로 외국의 문화에 적응하지 못하고 탈선하거나, 온몸을 던진 부모들의 희생에 턱없이 부족한 수준의 공부만 하고 돌아오기도 한다.

왜 기러기 가족이라는 이름이 붙었을까? 예전 결혼 풍습에는 신랑이 신부 집을 방문해 기러기 한 쌍을 예물로 드렸다. 기러기는 암수가 한번 만나서 죽을 때까지 헤어지지 않고 사는 동물로 신의, 화목, 정절의 상징이기 때문이다. 그러나 살아 있는 기러기를 구하기가 어려워지자 지금은 나무로 깎아 만든 기러기로 대신하고 있다. 가족을 위해서라면 자신의 모든 것을 희생하는 아버지의 모습과 닮았다고 해서 만들어낸 말이 아닌가 생각된다.

이러한 국민 정서 속에서 가수 이미자 씨는 〈기러기 아빠〉라는 노래를 불러 대히트시키기도 하였다. 1969년 히트곡이었으니 지금부터 40년 전의 일이다. 지금 40대 이상이라면 한 번쯤 들어봤을 법한 노래다. 그러면서도 그 노래 제목의 주인공이 자신들 세대를 지칭하는 상징적인 단어가 되리라고 생각한 사람은 그리 많지 않았을 것이다. 그때는 외국 유학이란 아주 특별한 사람이나 특별한 계층의 일인 줄만 알았지 중산층도 가능한 일이라고는 상상도 못했을 테니까. 그런데 지금은 웬만큼 경제력이 있고 자신을 희생할 각오만 되어 있다면 자녀를 외국에 유학 보내는 일이 그렇게 어려운 일만은 아닌 세상이 된 것이다.

워싱턴에 근무하는 동안 많은 기러기 가족을 보았다. 주로 아빠는 한국에서 돈을 벌고 엄마는 자녀를 데리고 미국에 와서 공부 뒷바라지를 하는 형태가 많았다. 워싱턴만 해도 자녀를 데리고 와 있는 엄마들이 많아서 일종의 커뮤니티가 형성되기도 했다. 엄마들이 함께 모여서 외로움도 달래고 정보도 교환하는 것이다.

미국에 온 지 오래되지 않은 가족의 경우에는 아직 가정의 틀 속에서 많은 것이 이루어진다. 아내는 한국에 있는 남편을 그리워하고 돈을 벌어 보내느라 고생하는 데 대한 고마움, 미안한 마음 등을 갖는다. 자주 통화도 하고 이메일도 보내고 아이들도 아빠를 그리워하고 통화하면서 눈물을 짓기도 한다. 그러다가 몇 달이 지나면 점차 미국 생활에 익숙해진다. 남편의 부재, 아빠의 부재에 익숙해지는 것이다.

기러기 아빠들은 대개 직장 생활을 하고 있어서 여름휴가나 명절 때 한 번씩 미국에 있는 가족을 보기 위해 찾아온다. 아빠들이 미국 방문을 하게 되면 아빠를 맞이할 준비를 해야 한다. 그런데 그것이 미국에 있는 가족에게는 일상의 리듬이 깨지는 것으로 받아들여진다. 예를 들면 이런 것이다. 미국에 있는 엄마들은 아이들이 학교에 가고 나면 시간 여유가 생긴다. 대개

엄마들끼리 모임을 갖거나 골프를 치러 간다. 미국에서는 골프
장에 나가는 것이 비교적 싸기 때문에 많이들 골프를 즐기는
편이다. 그런가 하면 미국에서 이런저런 활동을 통해 모임이
형성되면서 나름대로 재미를 느끼며 살아간다. 그러다가 남편
이 온다고 하면 모든 일정을 취소해야 한다. 아이들도 친구들
과 놀기로 했던 약속 등을 취소하고 아빠를 기다린다.

처음에는 몇 달 만에 오는 아빠가 반가워서 그런 정도의 '희
생'이야 기꺼이 감수할 만하지만, 시간이 지날수록 사정은 달
라진다.

"몇 달 만에 가족을 만날 생각을 하면 정말 가슴이 설렙니
다. 한국에서 힘들게 보냈던 시간을 보상받을 수 있으리라 기
대하고 가지요. 그런데 막상 만나고 보면 언제나 실망하고 상
처받게 됩니다. 일단 아이들의 반응이 너무 심드렁해요. 아빠
또 왔느냐는 식입니다. 나는 외로움과 그리움에 지쳐서 쓰러지
기 직전인데 아내나 아이들은 그런 걸 전혀 몰라주는 듯한 반
응입니다. 나는 오랜만에 가족의 품에서 따뜻한 위로를 받고
싶은데 오히려 갈등만 겪다가 돌아옵니다. 애들은 내가 말을
걸어도 잘 대답하지 않아요. 그러면서 게임만 하는 겁니다. 내
가 야단을 치면 애들은 오히려 반항을 해요. 아내도 아이들 역
성을 들지요. 오랜만에 왔으면 그냥 좋게 지내지 왜 야단을 치
느냐고요. 그럴 때마다 내가 단지 돈 버는 기계일 뿐이구나 하

는 생각이 들어요. 너무 쓸쓸합니다."

한 기러기 아빠의 하소연이다. 시간이 흐를수록 자신을 대하는 가족의 태도는 냉랭해지고 갈 때마다 실망하고 돌아오게 된다는 것이다.

이 때문에 기러기 아빠들이 가족을 만나고 싶은 마음은 점점 줄어든다. 그리워하는 마음도, 보고 싶은 마음도 점점 줄어드는 것이다. 아빠도 한국에서 가족 없이 시간을 보내는 데 익숙해진다. 주말에도 이런저런 약속을 하고 밖에서 시간을 보낸다. 한국은 그런 측면에서 편리한 곳이다. 밖에서 시간을 보내는 남자들이 워낙 많아서 기러기 아빠들도 그런 대로 외롭지 않게 지낼 수 있다.

자녀들이 대학에 들어가고 엄마가 더 이상 미국에 있을 필요가 없어져도 엄마들은 한국에 돌아가지 않는다. 워싱턴에 있을 때 한국에 돌아갈 일을 걱정하는 엄마들을 적잖이 보았다. 미국에서 지내는 게 너무 편해졌기 때문이다. 그들은 남편도 없고, 시댁도 없는 편안한 생활을 포기하고 한국으로 돌아가자니 갑갑하다고 토로한다. 남편 입장에서도 마찬가지다. 마음 내키는 대로 살아왔던 생활을 포기하는 것이 걱정된다. 갑자기 한 집에서 부대끼며 살아가기가 쉽지 않으리란 생각에 망설이게 된다. 나는 기러기 가족이 자녀 교육을 위해 너무 큰 희생을 치른다고 생각하는 편이다.

미국의 한 신문은 한국의 기러기 아빠들을 보면서 "한국의 가족은 자녀의 성공, 자녀의 명문대 입학이라는 과제를 수행하기 위한 태스크포스팀처럼 느껴진다"고 말했다. 가족은 태스크포스팀이 아니다. 가족은 가족이다. 아이들은 부모를 보면서 자연스럽게 자신의 가치관과 세계관을 형성한다. 그것은 학교에서 배우는 것과는 다른 교육이다. 가족은 생활 속에서 자연스럽게 사회화를 이루는 곳이다. 그 가족만의 문화가 전수되고 형성되는 곳이다. 무엇보다 가족은 함께 있기만 해도 위로가 되고 마음의 평화를 얻을 수 있는 그런 존재여야 한다. 자녀의 명문대 입학이 가족의 가치를 송두리째 희생할 만큼 중요한 것인지 잘 생각해볼 필요가 있다.

## ▮▮ 부모는 있고 부부는 없다

부부는 다른 말로 부모다. 그런데 우리나라는 가정에 부모는 있지만 부부는 없는 경우가 많다. 자녀를 낳아 키우는 부모 역할에만 초점을 맞추고 부부 생활의 질을 높이기 위한 노력을 게을리 하는 경우가 많기 때문이다. 요즘 엄마들의 하루 일과를 보면 확실하게 알 수 있다. 남편이 아침 일찍 출근하는 경우, 아침 식사를 차려서 함께 먹기보다는 혼자 출근하게 하고 인사도 하지 않는 경우가 대부분이다. 아이가 학교에 가기 전에는 밥상을 차려서 함께 먹는다. 아이를 데리고 학원에 돌아

다니기 위해 차량을 사용하는 것도 엄마다. 남편이 어쩌다 일찍 퇴근하면 아이들 공부에 방해된다고 안방에만 머물게 하거나 아예 늦게 들어오라고 종용한다.

시험 기간에는 말할 것도 없다. 밤 11시며 새벽 1시며 학원에서 공부하는 아이를 위해 간식 준비하랴, 차 태우고 다니랴 정신이 없다. 남편이 일찍 들어오는 것이 귀찮을 정도다. 그러니 자연 부부 관계, 부부간의 대화 등은 뒷전이기 십상이다. 가정생활에서 모든 것의 우선순위는 자녀 교육이며 성적이다. 자녀 교육이 가정사의 최우선순위가 되다 보니 웃지 못할 일이 많이 생긴다.

내가 아는 사람들 중 자녀가 중고등학생인 사람들은 대개 저녁 시간을 밖에서 보낸다. 일이 없는 날에도 집에 일찍 들어가지 않고 사무실에 있거나 친구를 만나는 등 시간을 보내다가 늦게야 들어간다. 일찍 들어가면 여러 가지로 아이들 공부에 방해가 되기 때문이란다. 일단 아빠가 집에 있으면 텔레비전을 켠다거나 거실 소파에 누워 있기 십상인데 아이들이 시끄러운 소리를 듣게 되고 또 과외 선생이 드나들기가 불편하다는 것이다. 엄마 입장에서도 남편에게 신경을 써주어야 하므로 아이들 뒷바라지에 전념할 수가 없다. 더구나 시험 기간이 되거나 아이가 고3이 되면 아빠는 완전히 하숙생 신세가 된다.

"집에 들어가면 마음이 편치 않아요. 무엇보다 엄마와 아이들 간의 갈등을 지켜보아야 하는 것이 힘듭니다. 1분 1초가 아깝다고 생각하는 엄마와 조금이라도 틈을 내어 쉬고 싶어 하는 아이, 1등이 되어야 직성이 풀리는 엄마와 1등이 될 가능성이 없는데 엄마에게 부당한 압박을 받고 있다고 생각하는 아이……. 늘 긴장 관계가 형성되어 있지요. 둘이 신경전을 벌이고 있는 와중에 내가 들어갔다가 자칫 아이 편이라도 들면 난리가 나요. 자기만 나쁜 사람 만들고 자식에게 점수 따려고 그런다느니, 자식 교육에 관심이 있는 사람이냐는 등의 온갖 잔소리에 정신이 하나도 없습니다. 텔레비전을 켜도 혼자서 우두커니 앉아 이어폰을 끼고 보게 됩니다. 그것도 참 민망해요. 아내의 눈초리도 매서울뿐더러 아이가 잠시라도 나와 내 옆에 앉아 텔레비전을 보려고 하면 당장 불호령이 떨어집니다. 집에 일찍 들어가고 싶지가 않아요."

아이들 교육을 위해 강남 지역으로 이사 온 지 3년 되어가는 어느 후배의 말이다.

그는 아이들과 함께 가족 여행을 해본 지도 5년이 넘었다고 한다. 엄두도 못 낸다. 아이가 대학 들어가기 전에는 꿈도 꾸지 말라는 것이 아내의 명령이란다. 좋은 대학에만 들어가면 모든 것이 보장되는 듯한 아내의 태도는 더욱 숨이 막힌다고 한다. 후배 자신이 좋은 대학을 나왔고 좋다는 기업에 들어갔지만 결코 그것이 행복을 보장해주지는 않는다고 생각하기 때문이다.

물론 그나마 좋은 대학이라도 나왔으니 그 정도로 인정받고 사는 거 아니냐고 하면 할 말이 없지만, 그는 여기에 반드시 인과관계가 있다고는 보지 않는다. 앞으로 아이들이 살아갈 시대에는 자신들이 좋아하는 것을 해야 행복할 수 있으리라 생각한다. 하지만 그런 얘기는 아내 앞에서 씨알도 안 먹힌다. 오히려 아이들의 핑계만 만들어준다고 구박받을 것이다.

우리 시대 아빠들의 목소리는 갈수록 작아질 수밖에 없다. 아이들이 좋은 대학에 들어가기만 하면 부부 관계는 회복이 될까. 하숙생처럼 떠돌았던 아빠가 다시 제자리를 찾을 수 있을까. 만약 아이가 제대로 대학에 들어가지 못하면 어떻게 될까. 훗날로 미룬 '부부의 자리'는 언제까지나 회복되기 어려울 수도 있다. 마음의 끈이란 항상 관심을 기울이고 노력해야만 연결되는 예민한 성격을 지녔다. 몇 년이고 방치해두었다가 어느 날 "이제부터 우리 관계를 다시 회복하는 거야"라고 선언한다고 해서 다시 생겨나는 그런 것이 아니다.

길고 긴 인생, 함께 끝까지 갈 사람은 자식이 아니라 배우자다. 배우자와 함께 즐기고 행복하게 지내는 것이 가장 바람직한 노후일 것이다. 그렇다면 언제나 배우자를 존중하고 마음의 끈을 놓지 말아야 할 일이다.

## ▐▌ 요즘 부부 풍속도

최근 어느 모임에서의 일이다. 40대 중반의 회사 임원인 A씨가 이야기 끝에 "아침을 못 먹은 지 10년이 넘었다"면서 "그런데 아이들 학교 갈 때는 아침을 차려주는 아내가 얄밉다"고 했다. 그날 모임에서의 반응은 놀라웠다. 예전에는 "나 같으면 당장 데모라도 하겠다"라거나 "그렇게 아내에게 위축되어서 아침도 못 얻어먹고 다니면서 회사 생활이 되느냐"는 등의 반응이 나오곤 했다. 각자 집에서의 실제 생활이야 어떠하든 간에 일단 겉으로는 그렇게 큰소리를 쳐보는 것이다. 그런데 요즘은 분위기가 완전히 다르다. 다들 "어떻게 감히 아침을 먹겠다는 마음을 가지느냐", "어부인이 잠 깨시지 않게 조용히 까치발로 나와서 말없이 출근하는 것이 요즘 남편의 매너"라는 등의 이야기를 하며 그를 위로하는 것이다.

어느 등산 모임에서는 B씨가 화제의 중심이 되었다. B씨는 북한산 정상에 이르자 배낭에서 이것저것 꺼내기 시작했다. 과일이나 오이, 커피 등 등산 중에 먹으면 아주 맛이 있는 것들을 꺼내는데 깎아 온 솜씨가 보통이 아니었다. 물어보았더니 아내가 새벽같이 일어나서 싸준 것이라고 했다. 그 순간 모두들 B씨를 달리 보기 시작했다. 다들 자기 먹을 것은 자기가 챙겨야만 하는 형편인데 아내가 직접, 그것도 새벽같이 일어나서 챙겨주었다니 놀라운 일인 것이다. 누구랄 것도 없이 B씨에 대한 부러움과 찬탄의 눈길을 감추지 않았다. 도대체 어떻게 했기에 결혼 생활 20년이 넘도록 저렇게 아내의 사랑을 받고 있단 말인가. 대충 그런 뜻이 담겨 있는 눈길들이었다.

남편과 아내의 '권력 지도'가 빠른 속도로 바뀌고 있다. 우리 시대의 남편은 역할 분담이 뚜렷했을 뿐 아니라 가정에서도 다소 권위적인 태도로 군림하기도 했다. 밖에서 열심히 일하는 것만으로 남편의 책임을 다했다고 인정받기도 했다. 남성우월주의니 남아선호사상이니 하는 세태가 다분히 사회를 지배했던 시기도 있었다. 그렇기 때문에 군림하는 남편에게 순응하고 참는 아내들이 많았고, 그렇기 때문에 가정이 유지되었다. 하지만 이제는 달라졌다. 남편이 밖에서 경제활동을 하는 것만으로 남편의 역할을 다했다고 생각하는 여성은 거의 없다. 심지어 자신의 경제활동을 뒷바라지해주고 가사를 상당 부분 책임져줄 '머슴 같은 남편'을 찾는 여성도 있다고 한다. '백마 탄 왕자'보다는 '돌쇠'를 찾는다는 것이다.

이처럼 달라진 세태를 탓하고만 있을 수는 없다. '아, 옛날이여' 하고 노래만 부르고 있을 수도 없다. 이제는 남편도 집안일과 바깥일에 균형 감각을 갖고 가족에게도 많은 정성을 장기간 쏟아야 가정생활이 편안해진다. 예를 들면 요즘처럼 아내가 자녀 교육에 열을 올리고 있는 상황이라면 남편도 강 건너 불구경하듯 쳐다보거나 아내의 교육 방식에 무조건 불만을 터뜨

리지 말고 차분하게 자녀 교육의 내용이나 문제점 등을 공부해 두는 것이 필요하다. 그리고 자신이 할 수 있는 일이 있으면 해야 한다.

집에 일찍 들어가면 거실 소파에 누워 텔레비전을 보는 것이 대부분 남편들의 모습이다. 그러지 말자. 쉬고 싶은 마음은 이해하지만 그렇게 하면 집안에서의 자리를 보전하기 힘들게 되므로 나름대로의 타협안을 찾아야 한다. 아빠로서의 자신의 자리를 적극적으로 찾다 보면 아내와 함께할 수 있는 공통분모가 생긴다. 아이의 학교 설명회나 학원 설명회 등에 아내와 함께 참석하고 아이의 성적 등에 대해 상담을 함께 해보는 것이다. 내 아이의 성적이 어느 정도인지 파악할 수 있게 되고 내가 할 수 있는 일이 무엇인지도 알게 된다.

할 수 있다면 주말에 아이의 공부를 봐주는 것도 도움이 된다. 아빠가 아이의 수학을 가르쳐주기 위해 함께 책상 앞에 앉아 있는 모습을 보인다면 아내의 눈길은 한없이 부드러워질 것이다. 만약 아이를 가르치는 것이 어렵다면 아이와 함께 운동을 하는 것은 어떨까. 공부하다가 지친 아이와 공원에 가서 배드민턴을 친다거나 농구를 하는 것도 좋은 방법이다. 많은 대화를 나누지 않아도 운동을 같이 하는 것만으로도 마음의 끈이 형성될 수 있다.

## ▮▮ 부부가 될 때도 준비가 필요해

우리는 대학에 들어가기 위해, 취업하기 위해 많은 준비를 한다. 대학 입시나 취업 등의 관문을 통과할 때는 열심히 공부하고 준비하지만 인생의 또 다른 중요한 관문인 결혼이나 출산 등에 대해서는 전혀 준비하지 않는다. 왜 그럴까. 결혼이나 출산 등은 어쩌면 대학 입시나 취업보다 더 중요한 의미를 가질 수도 있는데 우리는 얼떨결에, 별 준비 없이 실행한다. 사실은 더 많은 준비가 필요한데도 말이다.

결혼하기까지 두 사람은 전혀 다른 환경에서 성장한다. 같은 부모에게서 태어난 형제라도 그 성격과 생김새가 제각각인데 하물며 전혀 다른 부모에게서 태어나 전혀 다른 환경에서 자랐다면 두 사람은 두말할 나위 없이 다를 것이다. 연애 기간을 거치면서 서로에 대해 어느 정도 알게 되었다고 하더라도 그것은 일부에 지나지 않는다. 결혼은 생활을 함께하는 것이므로 진정한 이해와 탐색은 사실 결혼 이후에 이루어진다고 해도 과언이 아니다. 그럼에도 불구하고 많은 신랑과 신부가, 집과 혼숫감을 준비하기는 해도 '마음의 준비'는 하지 않는다. 결혼해서 살아가면서 가장 많이 부딪히게 될 어려움은 바로 상대방에 대한 이해 부족인데도 그에 대해서는 별로 의식하지 않고 준비도 하지 않는다. 그리고 신혼 첫날부터 또는 거의 일주일 이내에 크게 부딪치고 실망하고 싸우고 분노한다.

대부분의 사람들이 신혼 시절에 많은 갈등을 겪는다고 고백한다. 이해하기가 너무 어렵기 때문이다. 남녀 간의 차이, 개인의 차이, 성장 환경의 차이, 가치관의 차이……. 두 사람 사이에는 서로 사랑해서 결혼했다는 사실만으로 극복하기에는 너무 크고 다양한 차이가 존재한다. 이런 차이를 극복하는 방법은 한 가지뿐일 수도 있다. 그냥 받아들이는 것이다. 상대방을 있는 그대로 받아들일 수 있다면 이 차이는 그렇게 큰 문제가 안 된다.

하지만 부부가 할 수 있는 일이 오직 '있는 그대로 받아들이기'[*]뿐임을 깨닫기까지 너무 많은 대가를 치른다는 것이 문제다. 이 때문에 예비부부는 결혼 생활을 하기 전에 충분히 준비하면서 서로에 대해 이해하도록 노력하고 예상되는 문제에 대비하는 등 '공부'를 해야 한다. 준비된 부부는 그렇지 않은 부부보다 이혼율도 낮고 행복하게 산다고 한다. 이들이 특별히 잘나고 이해심이 깊어서라기보다는 서로 다르다는 것을 일찍 깨닫고 이해함으로써 불필요한 소모전을 줄였기 때문일 것이다.

## ▌▌ 다섯 가지 욕구를 통해 본 부부 관계
부부 행복의 첫 걸음은 배우자를 있는 그대로 인정하는 것에서

---

[*] 존 그레이, 《화성에서 온 남자 금성에서 온 여자》 (김경숙 역). 동녘라이프.

부터 시작된다. 배우자가 어떤 사람이며 내가 어떤 사람인가를 구체적으로 파악하고 분석하면 이해하고 인정하는 것이 더 쉬울 수 있다.

정신과 의사이면서 현대 심리 치료의 대가로 평가받는 윌리엄 글라서(William Glasser) 박사는 부부 관계를 다섯 가지 욕구를 통해 분석했다. 글라서 박사는 인간에게 다섯 가지 욕구, 즉 사랑과 소속의 욕구, 힘에 대한 욕구, 자유에 대한 욕구, 즐거움에 대한 욕구 그리고 생존에 대한 욕구가 있다고 분석했다.

이 욕구를 분석해보면 배우자가 어떤 욕구를 더 강하게 느끼는지 등을 알 수 있다. 사랑과 소속의 욕구는 사랑하고 나누고 협력하고자 하는 욕구다. 힘에 대한 욕구는 경쟁하고 성취하고 중요한 존재가 되고 싶은 욕구라고 할 수 있다. 이동하고 선택하는 것을 마음대로 하고 싶어 하는 속성은 자유에 대한 욕구, 새로운 것을 많이 배우고 놀이를 통해 즐기고자 하는 속성은 즐거움에 대한 욕구라고 할 수 있다. 생존에 대한 욕구는 살고자 하고, 생식을 통해 자기 확장을 꾀하는 속성이다.

부부 사이에 이런 욕구에서 차이가 있으면 갈등의 요인이 된다. 예를 들어 생존 욕구가 크게 다르면 사소한 일로 충돌이 끊이지 않게 된다. 생존 욕구가 낮은 사람은 자신을 위험한 처지에 빠뜨리는 경향이 있다. 사랑의 욕구에서 부부간 차이가 커도 행복하기 어렵다. 사랑의 욕구가 높은 쪽은 배우자가 자신이 원하는 만큼 충분하게 배려해주지 않는다고 느끼기 때문에 마음의 상처를 받기 쉽다. 사랑의 욕구가 둘 다 높다면 아주 좋고, 둘 다 낮다면 다른 문제가 생길 때 쉽게 이혼을 결심하거나 냉전 상태에 들어갈 우려가 있다. 사랑의 욕구가 아주 높으면 배우자의 냉담함을 사랑으로 변화시킬 수 있으리라 기대하는 이도 있는데, 이는 대개 실망으로 끝난다는 것이 글라서 박사의 주장이다.

힘의 욕구는 대체로 남자 쪽이 조금 더 높은 성향을 보인다. 두 사람 모두 힘의 욕구가 높지 않고 사랑의 욕구가 높다면 결혼 생활에 좋은 일이다. 힘의 욕구가 높은 사람과 그렇지 않은 사람이 함께 사는 것도 나쁘지 않다. 휘두르기 좋아하는 사람이 휘둘리는 사람에게 받는 저항이 적기 때문이다. 가부장적인 남편과 전형적인 현모양처형 아내, 공처가인 남편과 대가 센 아내의 경우처럼 어느 한쪽이 져줄 수 있다면 결혼 생활은 잘 유지된다. 하지만 둘 다 사랑의 욕구가 낮고 힘의 욕구가 높으면 팽팽한 긴장 상태로 돌입한다. 둘 다 밖에서 힘의 욕구를 채울 여지가 있으면 결혼 생활이 안전할 수 있지만, 그렇지 않은 경우에는 조용할 날이 없다. 예컨대 힘의 욕구가 강한 아내는 집안에서 똑같은 일만 강요받는 상황을 견디기 어려워하므로 자기 일을 갖는 것이 좋다.

자유의 욕구는 부부 모두 낮거나 평균적인 수준이라면 결혼 생활에 좋다. 둘 다 자유 욕구가 높다고 해도 사랑의 욕구가 높고 힘의 욕구가 낮다면 괜찮을 수 있다. 그러나 한쪽은 자유의 욕구가 높고 상대방은 낮다면 낮은 쪽이 언짢아하는 경우가 종종 발생한다. 자유 욕구가 강한 사람이 배우자로부터 자유를 제한받지 않고 살 수 있다면 대단히 창의적이고 생산적이 될 수 있다. 물론 그 창의성은 결혼에 큰 도움이 된다.

즐거움의 욕구는 부부가 모두 높다면 결혼 생활에 도움이 된다. 함께 활동할 영역이 많기 때문이다. 그러나 욕구가 크게 차이 나는 부부라면 문제가 발생할 가능성이 높다. 즐거움의 욕구가 큰 사람은 배우자 대신 즐거움을 줄 다른 상대나 일을 혼자 찾아나서기 때문이다.

글라서 박사는 아직 결혼하지 않았다면 즐거움의 욕구 차가 큰 사람과의 결혼을 재고하라고 권한다. 이미 결혼한 상태라면 두 사람이 함께 즐거움을 나눌 수 있는 일을 꼭 찾아내 그 시간을 공유하는 것이 좋단다. 글라서 박사 주장에 따르면, 결혼에 가장 좋지 않은 욕구는 생존 욕구와 사랑의 욕구가 낮으면서 다른 욕구가 높은 사람이다. 이런 사람은 전통적으로 반사회적이거나 이상 성격자일 가능성이 높다. 자기 만족만 추구하고 생존 욕구가 낮아 자신을 위험한 상태에 몰아넣는 것도 별로 개의치 않는 사람이다.

문제는 이런 남자일수록 매우 유혹적으로 보여 여자들의 마음을 쉽게 끈다는 데 있다. 생존 욕구와 힘의 욕구는 보통 이상이면서, 사랑의 욕구와 즐거움의 욕구는 낮은 사람 역시 결혼 생활을 잘 유지하기가 어렵다. 남자든 여자든 각각의 욕구 간격이 너무 크다면 결혼 후보자로 후한 점수를 주기 어렵다. 사랑의 욕구는 낮으면서 힘과 자유의 욕구가 너무 크거나, 힘의 욕구나 자유의 욕구는 매우 낮으면서 사랑의 욕구만 높은 사람과는 원만한 결혼 생활을 기대하기 어렵다.

## ▌▎금슬 좋은 부부의 경제적 가치

자녀 교육을 위해서라면 금슬 좋은 부부라는 목표 정도는 우선 순위에서 밀리는 것이 한국 가정의 모습이다. 하지만 금슬 좋은 부부가 가져오는 혜택을 좀 더 잘 분석해본다면 그렇게 쉽게 뒷전으로 미룰 일이 아니다.

《시사저널》에 흥미로운 기사가 있어서 인용한다. "갈등을 겪는 부부들을 위한 치료법을 개발해 효과를 인정받은 미국 워싱턴대학의 가트먼(John Gottman) 박사는 '하루 20분 동안 헬스클럽에서 뛰는 것보다 배우자와 좀 더 많은 대화를 나누는 쪽이 훨씬 좋다'고 주장한다. 좋은 관계를 유지하는 부부가 그렇지 않은 부부에 비해 평균 4년을 더 살기 때문이다. 이런 주장에는 과학적 근거가 있다. 우리 몸에는 바이러스나 암세포에 대항해서 싸우는 면역 세포가 있다. 혈관의 림프 속에 들어 있는 T세포와 NK세포가 대표적인 예다. 특히 NK세포는 바이러스나 암세포를 구분해, 세포벽을 뚫고 암을 죽이거나 세균을 잡아먹는 구실을 한다. 언젠가 MBC가 행복한 부부와 그렇지 않은 부부를 나누어 조사한 결과, 행복한 부부는 그렇지 않은 부부보다 면역 세포가 더 많음을 확인했다. 또 행복한 부부들은 편안한 상태에서 많이 분비되는 세토로닌 수치 역시 높게 나타났다. 세토로닌 호르몬이 많이 분비되면 면역력 자체가 강해지고 면역 세포도 더 많아진다. 특히 NK세포가 세포 가운데서 차지하는 비율이 높아지면 감기나 바이러스 질환에 걸리거나 세균이 들어올 가능성이 줄어든다. 미국 다트머스대학의 데이비드 블랜치플라워(David Blanchflower) 교수는 35개국 1만여 명을 대상으로 행복도에 대한 설문 조사를 실시한 뒤 그 결과를 돈과 연결시켜 분석했다. 이 결과에 따르면 독신이거나 결혼 생활이 불행한 부부가 행복한 결혼 생활을 하는 부부만큼 행복을 느끼려면 연봉이 10만 달러 이상이어야 한다. 또 한 달에 한 번 성관계를 갖는 사람이 매주 한 번 이상 성관계를 갖는 사람만큼 행복하려면 후자보다 연봉 5만 달러를 더 벌어야 한다. 돈이 많은 부부일수록 행복한 것이 아니고, 행복한 부부일수록 부자가 될 수 있음을 시사하는 것이다. 이 기사를 보면 금슬 좋은 부부는 그렇지 않은 부부보다 더 건강할 가능성이 높고, 더 부자일 가능성도 높고, 따라서 더 행복할 가능성이 높다.

또 다른 조사에 따르면 아침에 출근하면서 아내와 키스와 포옹을 하면서 따뜻한 아침 인사를 하고 나오는 남자와 그렇지 않은 남자는 연봉에 차이가 있다. 물론 아침 인사를 하고 나오는 남자의 연봉이 더 높은 것은 말할 필요가 없다. 부부의 금슬은 이처럼 눈에 보이지 않는 혜택뿐만 아니라 눈에 보이는 경제적인 이득을 우리에게 가져다준다. 우리에게 인생에서 중요한 몇 가지를 고르라면 건강한 삶과 풍요로운 삶이 빠질 수 없다. 그렇게 중요한 두 가지를 이루어준다는 데 배우자와 더 사이좋게 지내기 위해 노력을 못할 이유가 없지 않을까.

## ▮▮ 황혼 이혼, 대입 이혼

자식을 다 키우고 결혼까지 시킨 후인 60대에 이혼하는 것을 '황혼 이혼'이라고 한다. 10여 년 전만 해도 할머니들이 '이제는 내 인생을 찾겠다' 면서 이혼을 청구하는 것이 화젯거리가 될 만큼 그 숫자가 드물었는데 최근에는 황혼 이혼이 상당히 늘었다고 한다. 그런데 이제는 황혼 이혼이 아니라 '대입 이혼'이 새로운 경향으로 나타나고 있다. 자식의 대학 입학을 마치면 '숙제를 다 끝낸 심정'으로 이혼을 청구한다는 것이다. 결혼 등을 마칠 때까지 기다리지 않겠다는 것이다. 대한민국 남자들의 반성을 요구하는 대목이다.

물론 이혼 요구를 받은 남자들 중 많은 수가 억울하다고 느낄 것이다. 하지만 이혼의 원인을 제공하는 당사자는 대개 남자인 경우가 많다. 대표적인 경우를 예로 들어보자면, 조기 퇴직을 하고 백수 생활을 하게 된 남편은 거의 매일 술을 마시며 폐인이 되다시피하고, 남편의 불성실하고 무책임한 생활 태도에 지친 나머지 아내는 아들이 대학에 입학하자마자 이혼을 결심하는 식이다. 모든 것을 희생하면서 가정을 지키겠다는 우리 어머니 세대의 인내심은 이제 존재하지 않는다.

사실 그런 인내심을 요구해서도 안 된다. 한 사람의 일방적인 희생으로 유지되는 가정은 부당하다. 가족 구성원 모두가 자기가 할 수 있는 한 양보하고 자신의 역할을 충실하게 수행함으로써 짐을 골고루 나눠 그 무게를 덜어야 할 것이다. 그러다 보면 기쁨이나 행복도 두 배, 세 배가 될 것이다.

하지만 대한민국 남자들은 가정에서의 역할을 제대로 공부

| 표 1-5 한국의 혼인율과 이혼율 | | |
|---|---|---|
| 연도 | 조혼인율 | 조이혼율 |
| 1970 | 9.2 | 0.4 |
| 1980 | 10.6 | 0.6 |
| 1990 | 9.3 | 1.1 |
| 2000 | 7.0 | 2.5 |
| 2005 | 6.5 | 2.6 |

자료 통계청
조혼인율=(1년간 혼인 수/연앙인구)×1,000
조이혼율=(1년간 이혼 수/연앙인구)×1,000
주 연앙인구란 한 해의 중간인 7월 1일을 기준으로 산출한 인구를 말한다.

할 기회를 갖지 못했다. 어린 시절에는 어머니로부터 "남자가 부엌에 들어오면 큰일을 못한다"며 야단을 맞았고, 아버지로부터 "남자가 눈물을 흘리면 안 된다"는 가부장적 교육을 받았다. 가족의 형태가 급속도로 변화하고 다양화하면서 남자의 역할, 가정 생활의 원칙 등이 달라졌지만 이를 배울 기회가 없었던 것이다. 물론 주변의 변화에 민감해 스스로 변화하려고 노력한 남자들도 있겠지만 대부분의 남자들은 기존의 체제, 기존의 사고방식에서 벗어나지 못했다. 다음으로는 남자들이 기존의 사고방식에서 벗어나야 한다는 점을 다루고자 한다. 특히 일과 생활의 균형을 어떻게 잡을지에 초점을 맞추려고 한다.

# 05 일과 행복

**▌▌ 선공후사, 선사후공(先公後私, 先私後公)**

휴일을 이용해 책을 한 권 읽었는데 각 분야에서 이름을 날린 남자들을 인터뷰한 내용을 담고 있는 책이었다. 한 시대를 풍미하며 자유롭게, 열심히 살았던 남자들이어서 이야기를 읽는 것만으로도 흥미진진했다. 그런데 그들 중 대부분이 자신의 약점 또는 후회되는 일로 '가족을 제대로 돌보지 못한 것'을 들었다. 겉으로 보기에 가족이나 사적인 일에는 전혀 개의치 않을 것 같은 풍운아들의 마음 깊은 곳에 온전한 가정에 대한 회한과 후회가 있는 것을 보니 인간적으로 느껴지기도 했다.

내 주변에는 사회적으로 성공했다고 인정받는 남자들이 많다. 기업을 일구어 당대의 기업가가 된 남자, 청운의 꿈을 품고 관료가 되어 나라의 정책을 책임졌던 남자, 법관으로 살면서 권력과 명예를 한 손에 쥐고 앞서서 달려온 남자. 그런데 이들은 거의 앞만 보고 달려오느라 옆을 보거나 뒤를 돌아볼 겨를이 없었다. 우리가 어린 시절 한자 시간에 배웠던 '선공후사(先公後私)'를 떠올리게 한다. 그들은 당연히 회사와 일이 앞이고 집안일, 사적인 일은 뒤로 미뤄야 한다고 생각해왔다. 일을 열심히 해서 인정받고 출세하면 그걸로 모두 용서받을 수 있다고 믿었다.

하지만 중년을 훌쩍 넘어선 지금, 친구들은 바깥에서의 성공이 결코 가정에서의 '성공'을 담보해주지 않는다는 사실을 뼈저리게 느끼고 있다. 명예퇴직이다 뭐다 해서 50대 초반부터 직장에서 떨어져 나와 가정으로 돌아온 친구들은 '왕의 귀환'과는 거리가 먼 생활을 하고 있다. 그동안 내가 가족을 위해 밖에서 열심히 살았으니 가족이 내게 잘해줄 것이라고 기대했다가 꿈이 무참하게 깨진 친구들은 하소연을 한다.

"내가 30년 넘도록 밖에서 돈을 벌어다 주었는데 왜 이제 나를 찬밥 대접하는지 모르겠어. 정말 이해가 안 돼. 아이들은 아빠를 심드렁하게 보고 아내도 처음에는 밥도 잘 차려주고 신경도 좀 쓰는 것 같더니 한두 달 지나니까 노골적으로 귀찮아하는 거야. 밖에 나갈 일이 없느냐. 식사 약속이라도 좀 하지 그러느냐……. 눈치를 팍팍 주면서 나를 밖으로 내몰려고만 해. 그런데 아무리 생각해봐도 갈 곳이 없어. 만날 사람도 없고……. 친구 만나는 것도 한두 번이지. 아주 괴로워."

## ▮▮ 가장의 귀환

개인에 따라 차이는 있겠지만 대개 50대가 되면 남자들은 가정에 귀환하게 된다. 문제는 부부가 서로 '함께 있는 것'에 익숙하지 않다는 점이다. 남편이 직장 생활을 하면서 정신없이 밖으로 나도는 동안 아내는 자신만의 네트워크를 구축한다. 자녀의 친구들 엄마 모임, 여고 동창, 대학 동창, 노래 교실 모임, 테니스 동호회 등 자신이 편하게 만나고 즐겁게 지낼 수 있는 사람들을 거미줄처럼 형성하고 있다. 여자들은 돈을 많이 들이지 않고도 재미있게 노는 방법을 잘 안다. 특별한 일이 없어도 만나면 몇 시간씩 수다를 떨며 재미있게 시간을 보낸다. 남편이 집에서 하루 종일 있으면 아내는 자신의 활동에 제약을 받게 된다.

남자들은 용건 없이, 업무에 관계 없이 사람을 만나는 일에 서툴다. '그냥 좋아서 만난다'는 것은 남자들 사전에 거의 없는 일이다. 그들은 일이 있어야, 용건이 있어야 만난다. 고등학교 동창이라도 내가 무슨 일을 하고 있어야 나갈 맛이 난다. 백수인 상태에서 친구를 만나러 가는 것은 내키지 않는다. 그냥 만나서 실컷 수다를 떨고 돌아온다는 것이 불가능하기 때문에 남자들은 막상 갈 곳이 없다. 만날 사람도 없다.

처음에는 아내를 따라다녀본다. 시장에도 따라가보고 노래 교실에도 다녀본다. 아내는 남편이 따라오는 게 썩 반갑지는 않아도 눈치를 주지는 않는다. 하지만 그것도 몇 달이다. 그렇게 만날 사람이 없냐며 구박을 하기 시작한다. 심지어 50대 이후의 남편은 물에 젖은 낙엽이라며 '아무리 와이퍼를 작동시켜도 딱 붙어서 떨어지지 않는 귀찮은 존재'라고 놀리기도 한다. 정말 자존심 팍 구기는 비유일 수밖에 없다.

## ▮▮ 애완견을 껴안고 조수석에

여러 가지 이유로 남자들의 시세가 추락한 지 오래다. 여자가 50대를 넘으면 필요한 것이 두 가지, 필요 없는 것이 한 가지 있다고 한다. 필요한 두 가지는 딸과 돈이고 필요 없는 한 가지는 남편이라고 한다. 같은 남자로서 듣기에 민망한 이야기다.

50~60대 남자들이 모이면 농담처럼 하는 말이 있다. 나이든 남자들이야말로 도무지 쓸모가 없어서 식구들이 이사 갈 때 '정리'하고 가려 한다는 것이다. 혹시 이삿날 자기를 몰래 빼놓고 갈지도 모르니까 애완견을 껴안고 조수석에 일찌감치 앉아 있어야 한다는 '행동 요령'이 나돌기도 한다. 집안에서 애완견이 차지하는 비중이 가장보다 더 크다는 웃지 못할 현실을 반영한 것이다. 한 술 더 뜨는 우스갯소리도 있다. 어떤 남자는 집에서 이사할 때 '절대 버리고 가지 않을 품목'으로 냉장고를 선택해 냉장고 안에 들어가 있었다. 그런데 밖이 조용하여 문을 열고 나와보니 난지도 쓰레기장이었다. 냉장고째로 버리고

간 것이다. 웃자고 하는 얘기지만 나름대로 세태를 반영한 부분이 있어서 씁쓸하다.

남자들은 어느새 가정에서 자신의 자리를 잃고 있다. 직장에서 치열하게 전투하며 생존해온 노고를 치하받기는커녕 잃어버린 자리를 회복하기도 어려워져 있는 상태이다. 무엇이 잘못된 것일까. 이제 그동안 우리가 신봉해왔던 '오래된 가치'를 돌아볼 필요가 있다. 이미 일부 앞서가는 기업에서는 일과 생활의 균형을 추구하고 있다. 한국종합사회조사에 따르면 많은 직장인들이 '가족과 더 많은 시간을 보내고 싶다'고 응답했다. 그만큼 가족의 중요성을 실감하고 있으며 일과 가정을 적절하게 균형 있게 조화시키고 싶어 하는 것이다.

## ▐▐ 일과 생활의 균형

이제 사람들은 '남자는 밖에서 열심히 돈 벌어 오고, 여자는 집에서 아이 키우며 살림하면 된다'는 생각을 하지 않는다. '내가 꼬박꼬박 월급 갖다 줬는데 뭐가 불만이냐'라고 말하는 것이 더 이상 통하지 않는 시대가 된 것이다. 점점 사람들은 일과 생활의 균형을 잡는 데 많은 관심을 기울이고 있다. 일과 생활의 균형이란 직장인이 스스로 일과 생활 두 가지를 모두 잘하고 있다고 생각하는 상태라고 한다. 대기업 직원들을 중심으로, 일과 생활의 균형이 직장에서 가장 중요하다는 대답이 늘고 있다는 것도 이런 추세를 보여준다.

　일과 생활의 균형, 즉 WLB(Work & Life Balance)는 선진국에
서 먼저 도입되었는데 최근에는 삼성 등 국내 대기업에서도 많
은 관심을 기울이고 있다. WLB는 개인에게는 삶의 질 향상,
기업에는 경쟁력의 제고, 국가적으로는 저출산의 대책이 될 수
있다는 점에서 관심을 기울여볼 필요가 있다. 주로 업무 시간
을 탄력적으로 운영하는 '플렉스 타임' 문화생활 지원 프로그
램, 탁아소 등 가정 친화적인 시설, 부양가족에 대한 지원 등
다양한 제도가 시행되고 있다.

　이런 제도와 더불어 의식의 변화도 필요하다. 아내와 아이
들 그리고 부모님과의 마음의 끈이 끊어지지 않도록 관심과 사
랑을 유지하는 것이 필요하다. 특히 직장에서 바쁘면 바쁠수록
집에서의 시간이 질 높은 시간이 되도록 노력해야 한다. 직장
에서 무슨 일을 하느라 바쁜지 차분하게 설명해준다면 아내는
남편이 늦게 귀가하더라도 이해할 것이다. 또 집에 있는 시간
에도 그냥 잠만 자려고 하지 말고 아내와 잠시라도 대화를 나
누고 아이들의 숙제를 봐주려는 노력이 필요하다.

　요즘은 그나마 여건이 많이 좋아졌다. 주 5일 제도의 도입으
로 직장에서의 부담이 다소 줄었기 때문이다. 이 때문에 아빠
들이 더 피곤해졌다는 불평도 있겠지만 내 생각은 다르다. 이
렇게 시간이 주어졌다는 것이 얼마나 반가운 일인가. 가정에서

아빠의 자리를 조금 더 확고하게 구축해볼 수 있는 절호의 기회일 것이다. 나는 뭔가를 가족과 함께하는 것을 권하고 싶다. 음악회를 갈 수도 있고 미술 전람회에 갈 수도 있다. 경제적으로 부담이 된다면 그저 예술의 전당 음악 분수라도 감상하기를 권한다. 사실 부지런하게 찾아보기만 한다면 큰돈 들이지 않고 즐길 수 있는 공연도 꽤 된다.

얼마 전 신문을 보니 한 아빠가 아들과 둘이서만 여행을 간다고 자랑하고 있었다. 직장 생활에 바빠서 온전하게 아들의 관심을 차지하지 못했던 아빠가 여행 기간만이라도 둘만의 시간을 가져보고자 한다고 의도를 밝혔다. 참 좋아 보였다. 많은 아빠들이 자녀 교육은 엄마의 몫이라고 치부해버리는데 그것은 직무 유기나 마찬가지다. 자녀와 함께 시간을 보내면서 대화를 나누어보라. 얼마나 행복하고 충만한 느낌인지 경험해보라. 이것은 아이들이 장성하기 전에 과감하게 시간과 노력을 투자하지 않으면 얻을 수 없는 행복이다.

## 2장

# 실전!
# 행복 지수를 높여라!

# 01 　　　　　행복 지수 높이기

## ▌▌ 행복한 인생 설계

고등학교 친구들과의 만남은 언제나 반갑고 마음 편하고 즐겁다. 그런데 언제부터인지 동창 모임의 규모가 줄어들기 시작했다. 외환 위기를 겪을 때도 상당한 변화가 있었는데 몇 년 전부터 또 모임에 나오지 않는 친구들의 숫자가 늘기 시작했다. 나오는 친구들의 얼굴도 전처럼 밝지만은 않다. 직장을 그만두고 마땅한 일이 없어 백수가 된 친구들은 그나마 나은 편이다. 명예퇴직을 하고 제2의 인생을 살아보겠다면서 창업 전선에 뛰어든 친구들은 대개 실패했고, 심지어 얼마간 있던 노후 자금까지 날려버린 경우도 있다. 건강이 좋지 않은 친구도 있다. 친구들의 모습을 보면서 인생의 황혼이 행복하기가 이렇게 어려운 것인가 생각하게 되었다.

　왜 그럴까. 그 원인에 대해서 나는 혼자 곰곰이 생각했다. 그리고 결국 인생 설계를 제대로 하지 못한 것에 원인이 있지 않나 추측했다. 행복하기 위해서는 준비를 해야 한다. 행복한 인생에 대해 고민도 하고 공부도 해야 한다. 친구들의 모습을 보면서 나 자신부터 행복에 대해, 행복한 인생 설계에 대해 많은 궁리를 하게 되었다. 그리고 그것이 행복론에 대한 내 나름대로의 생각을 정리하는 계기가 되었다.

그러다 보니 인연이 닿는 곳에서 행복을 주제로 강의를 하게 되었고 제법 많은 사람들로부터 공감과 지지를 얻었다. 이 문제는 내 주변의 친구들에게만 국한되는 것이 아니었다. 행복하기 위해서는 여러 가지 준비를 해야 한다는 것이 누구에게나 해당되는 매우 중요한 이야기라는 사실을 알게 된 것이다. 내가 특별하게 더 행복한 삶을 살고 있다거나 내가 잘 준비했다는 이야기가 아니다. 다만 내가 다른 사람보다 조금 더 일찍 행복한 인생 설계의 필요성에 대해 깨달았고 이제 그것을 다 함께 실천해보자고 제안하는 것뿐이다. 이처럼 행복한 인생 설계에 대해 얘기할 수 있게 된 것은 몇 가지 소중한 경험 덕분이다.

먼저 통계청장 시절에 깨달았던 우리나라 국민의 평균수명과 삶의 질의 변화, 사회경제적 변화와 그것이 우리에게 미치는 영향 등이 합리적인 토대를 제공해주었다. 과거 우리의 일생에 대한 개념은 30+30+α 즉 '자라고 배우고 준비하는 기간 30년+사회활동 하고 돈을 벌면서 생활하는 기간 30년'이었다.

60세부터는 인생의 마지막 기간이며 죽음을 준비해야 하는 '나머지 인생'으로 여겨왔다. 하지만 최근 평균수명이 늘어나면서 일생은 30+30+30으로 길어졌다. 앞에서도 언급했듯이 나는 이것을 '트리플 30'이라고 부른다. 자라고 배우면서 준비하는 기간 30년, 사회활동하고 돈을 벌면서 생활하는 기간 30년에 이어 돈을 벌지 못하면서 사는(근로 소득 없는) 노년의 기간 30년이 더해진 것이다. 30년을 벌어서 나머지 30년을 살아야 하는 상황임을 알 수 있다.

불과 몇 년 전만 하더라도 평균수명이 늘어난 것에 대한 인식이 확산되지 않았지만 지금은 많은 사람들이 공감하고 있다. 트리플 30은 60세부터 또 하나의 30년을 살아야 함을 보여준다. 건강하지도 않고 더 이상 젊지도 않으며 경제활동을 제대로 할 수도 없는 30년이다. 그런데 문제는 중간의 30년도 온전하게 보장되지 않는다는 점이다. 60세가 될 때까지 직장에서 돈을 벌 수 있다면 그나마 행복한 인생이다. 대개는 사오정이니 오륙도니 하면서 40대 또는 50대에 직장을 나오게 된다. 심지어 '삼팔선'이라 하여 30대에 직장을 그만두게 되는 경우까지 생겨나고 있다. 우리를 둘러싼 환경이 이렇게 바뀐 것이다.

그렇다고 해서 마냥 넋 놓고 있을 수는 없는 일이다. 행복한 인생을 위해서는 젊을 때부터 준비하고 새롭게 설계해야 한다. 급격하게 변화하는 환경에 따라 우리 역시 패러다임을 완전히 바꾸어서 새롭게 인생을 디자인해야 한다. 인생을 어떻게 설계하느냐에 따라 노후 30년의 행복 지수가 현격하게 달라질 수 있다. 돈을 벌지 않고 살아야 하는 30년. 축복이 될지, 재앙이 될지는 각자의 인생 설계에 달려 있다.

또 하나 내게 큰 도움이 되었던 경험은 내가 살면서 겪었던 구체적인 경험, 주변 사람들의 이야기 등이다. 특히 IMF 대리 이사 및 이사로 활동하는 4년 동안의 워싱턴 생활은 한국인에게 있어서의 가족의 의미, 부부 생활의 의미 그리고 자녀 교육의 문제 등을 생각하게 하는 좋은 계기가 되었다. 그곳에서 수많은 기러기 아빠 또는 엄마를 보았고 그들을 통해 한국 가정의 문제점 또는 한국 교육의 문제점 등에 대해 느낄 수 있었다. 내가 앞에서 강조한 것처럼 가족의 라이프스타일, 부부 관계, 자녀 교육 등의 문제는 모두 황혼의 인생 설계에 큰 영향을 미친다.

이제 여러분은 자신의 현재와 과거를 잘 살펴볼 필요가 있다. 그리고 자신의 미래는 어떤 모습일지에 대해서도 생각해보아야 한다. 그리고 인생 설계를 잘하는 것과 함께 어떻게 하면 행복 지수를 높일 수 있을지에 대해서도 생각해보기 바란다. 인생 설계란 결국 행복하기 위한 것이며, 행복이란 행복 지수를 높이기 위해 노력한다면 가능한 일이기 때문이다.

## ▮▮ 행복은 노력형

영국 버크셔주 슬라우 마을에서 재미있는 실험이 있었다. 심리학자 리처드 스티븐스(Richard Stevens)는 슬라우 마을에 사는 주민을 대상으로 '행복 지수 높이기' 실험을 했다. 가사 노동으로 인해 심한 우울증을 앓는 전업주부, 인생의 재미가 뭔지 모르겠다는 할인점 점원 등 도무지 행복과는 거리가 먼 사람들을 실험대상으로 삼았다. 이들은 모두 행복해지고 싶지만 그게 마음대로 되지 않고 점점 더 우울해지고 불행해지기만 하는 사람들이었다.

스티븐스 박사가 주관한 첫 만남은 마을에 있는 공동묘지에서 이루어졌다. 삶과 죽음에 대해 느끼고 살아 있음을 실감할 수 있도록 하기 위해서였다. 그리고 이들에게 몇 가지 생활 수칙을 전달했다. 이 생활 수칙의 주제는 감사, 친절 그리고 선행이었다. 하루를 마칠 때는 일기를 쓰고, 특히 그날 있었던 일 중에서 감사할 일이 있으면 감사를 표시하는 것이 그중 하나였다. 인생을 살아오면서 누군가에게 도움을 받았거나 감사할 일이 있으면 그에게 감사 편지를 쓰도록 했다. 사람들에게 친절하라는 것도 중요한 수칙이다. 어려운 사람에게 베풀고 봉사하는 생활을 하도록 했고, 매일 신문을 보면서 재미있는 이야깃거리, 마음을 움직이는 기사 등을 찾는 것도 포함됐다.

사람들은 이런 내용의 수칙을 보고 처음에는 반신반의했다.

무슨 거창한 비법이라도 있는가 했더니 겨우 이런 내용이었느냐는 반응도 있었다. 그런데 시간이 지나면서 사람들은 즐거워지기 시작했고 행복해지기 시작했다. 몇 개월 후 그들의 행복지수를 측정했더니 실험을 시작했을 때보다 약 33% 높아졌다. 행복은 '노력형' 임을 입증하는 실험이었다. 나는 이 같은 내용을 텔레비전 프로그램을 통해 확인하면서 '행복하기 위해서는 노력해야 한다' 는 메시지를 여러분에게 다시 한 번 전달한다.

## ▌▌ 여러분! 행복하십니까?

아마 인류가 글을 사용한 후 구사된 단어 중에서 '사랑'에 버금갈 만큼 많이 사용되는 말이 행복일 것이다. 행복이란 단어를 언급한 사람 가운데 가장 기억에 남는 사람은 교황 요한 바오로 2세다. 그는 "여러분, 저는 행복합니다. 여러분도 행복하세요"라는 말을 인류에게 남기고 세상을 떠났다. 그는 죽음에 이르는 질병의 고통을 겪으면서도 '행복하다'고 했다. 그리고 전 세계 인류를 향해 '행복하라'고 기도했다. 교황으로서 모든 사람을 위해 할 수 있는 축복 중 행복을 기원하는 것 이상의 기도를 할 수 있을까. 세계 인류가 너 나 할 것 없이 최종적으로 추구하는 가치는 행복이기 때문이다.

이처럼 대부분의 사람들이 자신이 추구하는 가치는 행복이라고 대답하지만 막상 '행복하십니까' 라는 질문을 받았을 때

선뜻 그렇다고 대답하는 사람은 드물다. 그렇기 때문에 인류사에 걸쳐 예나 지금이나 여전히 사람들은 '행복이 무엇일까', '행복해지려면 어떻게 해야 하나' 등의 질문을 끊임없이 던지고 탐색하는 것이 아닐까. 인터넷 백과사전 사이트 위키피디아에 따르면 아리스토텔레스는 《니코마코스 윤리학》에서 인간이 그 자체로서 추구하는 유일한 것이 행복이라고 하였다. 즉 사람들이 부자가 되기 위해 노력하는 것은 부 자체가 아니라 행복하기 위해서라는 것이다. 명성을 추구하는 것도 명성 그 자체가 아니라 행복해지기 위해 명성이 필요하다고 생각하기 때문이라는 것이다. 이처럼 많이 쓰이는 말이면서도 '좋은 말' 정도의 느낌으로 이해되는 행복. 행복이란 과연 무엇일까.

행복에 대한 정의를 찾아보면 '심신의 욕구가 충족되어 부족함이 없는 상태' 또는 '만족감이나 즐거움을 느끼는 정서적, 또는 감정적 상태'라고 되어 있다. 행복 하면 떠오르는 단어는 웰빙, 기쁨, 건강, 안전, 만족 그리고 사랑이다. 그와 반대되는 단어는 고난, 좌절, 슬픔, 걱정 그리고 고통 등이다. 또 행복은 화목한 가정생활, 사랑하는 사람과의 결혼, 경제적 안정에서 비롯된다고들 한다. 그에 반대되는 환경은 학대적 관계, 사고, 실업, 갈등 등으로, 행복 지수를 낮추는 요소들이다.

이처럼 행복 지수를 높이는 환경이 있고, 행복 지수를 낮추는 환경이 있지만 이것도 어디까지나 개인이 받아들이는 정도에 따라 영향력의 크기가 달라진다. 개인에 따라, 여러 가지 조건을 다 갖춰 객관적으로 사람들이 부러워하는 환경에 있으면서도 스스로 행복하다고 느끼지 못하는 사람이 있는가 하면 어려운 환경에 있으면서도 자신의 행복 지수를 높게 유지하는 사람도 있기 때문이다. 또한 비슷한 환경에 있는 사람들 중에서도 개인차에 따라 행복 지수가 크게 달라지기도 한다. 한마디로 말하면 행복이야말로 객관적인 측정이 어려운 주관적인 상태다.

이 때문에 개인의 행복 지수를 측정하는 방법은 단 한 가지밖에 없다. 본인에게 얼마나 행복하느냐고 물어보는 것이다. 다른 사람이 그 사람의 행복에 대해 아무리 높게 평가한들 본인이 그만큼 행복하다고 느끼지 못하는 한 행복 지수는 낮을 수밖에 없다. 그래서 세계에서 가장 행복 지수가 높은 나라는 객관적으로 가장 부강한 나라와 일치하지 않는다. 1인당 국민소득이 1,400달러에 불과하고 문맹률이 53%에 달하는 아시아의 작은 나라 부탄은 국민들이 스스로 매우 행복하다고 생각하는 나라로 유명하다. 10위권에 드는 나라들이 대체로 풍요로운 경제적 여건, 공공 서비스의 발달, 선진화된 교육 시스템 등을 자랑하는 반면 부탄은 가난한 나라이면서 행복 지수가 높아 주목받는 나라다.

학자들은 부탄 국민의 높은 행복 지수가 '국민적 공감대가 높게 형성된 때문'이라고 분석한다. 부탄은 강력한 지도자가 엄격한 정책을 통해 관광, 개발, 이민 등을 제한함으로써 전통 문화가 잘 보존되어 있고 아름다운 자연 풍광 역시 그대로 유지되고 있다고 한다. 부탄 국민들이 다른 나라 사람들이 어떻게 살고 있는지, 문명의 혜택을 누린다는 것이 어떤 것인지 등을 알게 된 후에도 과연 행복 지수가 높을 것인지에 대해 의문을 제기하는 학자들도 있지만 부탄 국민들이 누구보다 정신적 행복의 가치를 아는 사람들인 것은 분명하다.

## ▋▋ 행복의 조건

앞에서 행복의 정의에 대해 '심신의 욕구가 충족되어 부족함이 없는 상태'라고 하였다. 만약 행복이 심신의 욕구를 충족시키는 것이라면 개념은 참 간단하다. 하지만 심신의 욕구 충족이 실제로는 전혀 간단하지 않다는 것이 바로 인간의 딜레마다. 몸의 욕구를 채우는 것은 쉽지는 않지만 어느 정도 가능성이 있다. 그런데 마음의 욕구는 끝이 없다. 마치 몸이 땅이라면 마음은 하늘에 있는 구름 같아서 마음의 욕구를 다 채우기는 아예 불가능하다. 여기에 인간이 행복해지기 어려운 숙명이 있다.

1950~1960년대 우리나라에서 행복은 사실 먹고사는 문제였다. 당시에는 세 끼 제대로 밥 먹고 사는 사람은 부자 소리를 들었다. 대부분 밥은 두 끼만 먹고 한 끼는 고구마나 감자로 끼

니를 해결하며 살았다. 그래서 집에 손님이 와서 식사를 대접하고 나면 남은 식구들은 한 끼를 더 고구마로 때워야 했다. 아직도 먹는 문제로 어려움을 겪는 사람도 있지만 이제 대부분의 사람은 굶주림의 문제는 해결했다.

"뛰지 마라! 배 꺼질라." 어린 시절에 이런 꾸중을 들었던 기억이 있는 사람들이 많을 것이다. 아까운 양식 먹고 뛰어 노는데 기운 쓰지 말라는 가슴 아픈 뜻이 담긴 말이다. 이 말은 백년 전의 이야기도 아니고 가뭄과 기근으로 수만 명의 어린이가 굶어 죽어가는 아프리카의 이야기도 아니다. 불과 40여 년 전에 우리가 항상 들었던 일상적인 말이었다. 뿐만 아니다. 우리가 하는 인사 중에서 가장 자주 하는 인사말이 "밥 먹었냐"는 질문이었다. 세끼 제대로 챙겨 먹는 일이 너무 중요했기 때문이 아닐까. 실제로 외국인들은 한국에 와서 "식사를 했느냐"고 묻는 사람이 너무 많아서 놀란다고 한다.

그런데 지금은 '배를 꺼지게 하기 위해 달려야 하는 세상'이 되었다. 한강변은 이른 아침부터 체중 조절과 건강을 위해 달리기를 하는 사람들로 붐빈다. 실내 스포츠센터에서 달리기를 하는 사람도 많다. 달리기와 걷기 중 어떤 쪽이 자신에게 더맞는가를 고민하며 운동화를 조여 매는 사람들은 갈수록 더 늘어날 전망이다. 등산, 테니스, 인라인스케이트 등 각종 스포츠를 통해 체중을 조절하고 친목도 다지는 모임 역시 급증한다.

아무리 경기가 좋지 않은 때라도 불황을 모르고 성장하는 업종은 등산복 등 아웃도어 용품 관련 산업이다. 이제 사람들은 맛이 있으면서도 살이 찌지 않는 음식을 찾아다닌다.

1970년대만 해도 아랫배와 얼굴에 두툼하게 살이 올라 있는 사람을 부자 상이라고 부러워했는데 지금은 자기 관리를 잘못한 나태한 사람으로 치부한다. 심지어 비만인 사람은 정상 체중인 사람보다 승진이 늦고 월급도 더 적은 경향이 있다는 연구 결과도 있다. 이 연구 결과는 '살이 정상치보다 더 많이 찐 사람은 게으르고 자기 관리를 하지 못할 것이다'라는 일반의 인식을 반영한 것으로 보인다. 우리나라에서 이제 먹는 문제만큼은 어느 정도 해결된 것으로 볼 수 있다.

이렇게 먹는 문제가 해결되었는데도 사람들은 굶주림이 일상이던 시절에 비해 그다지 행복해진 것 같지가 않다. 왜일까? 먹는 문제는 해결됐지만 사는 문제에 대한 해답을 아직 얻지 못해서가 아닐까. 먹는 문제를 해결하고 이를 즐기기에 급급해서 사는 문제까지는 아직 생각하지 못하고 있는 건 아닐까. 어쨌든 맛있는 음식과 안락한 휴식이 있으면 인생이 행복해질 줄 알았는데 아직도 행복하다는 생각이 들지 않는 걸 보면 뭔가가 부족한 것이 분명하다.

이제 우리가 행복해지기 위해서는 사는 문제에 관심을 기울여야 한다. 먹는 문제가 몸의 욕구라면 사는 문제는 마음의 욕구이다. 먹는 문제는 그래도 해결하기가 쉬운 편이다. 사는 문제를 해결하기 위해서는 마음을 다스려야 하는데 마음이란 게 하늘에 있는 구름 같아서 이것을 다스리기란 정말 어려운 법이다.

## ▌▌행복을 훼손하는 환경

행복이 주관적인 가치에 의해 크게 달라질 수 있음에도 전 세계 공통으로, 개인의 차를 뛰어넘어 행복을 훼손하는 몇 가지 환경은 분명 존재한다. 굶주림, 질병, 범죄, 부패 그리고 전쟁 등의 환경은 개인에 따라 느끼는 정도가 다르다 하더라도 인간을 불행하게 만드는 요소임에 틀림없다. 이 때문에 인류는 힘을 모아 국제기구 등을 만들고 각종 사회봉사 단체 등을 통해 지구상에서 일어나는 전쟁이나 기아, 질병, 부패 등을 줄이기위해 노력하고 있다.

　캄보디아의 앙코르와트에 다녀온 친구로부터 들은 이야기다. 현지 가이드의 도움을 받았는데 그는 일가족 중 상당수를 '킬링필드'라 불리는 내전에서 잃었다고 했다. 그의 얼굴에는 어린 시절 받았던 정신적 충격이 아직도 어려 있는 듯했다. 앙코르와트 관광을 하는 도중에도 팔다리를 잃은 사람들의 모습을 자주 보았는데 이들 또한 전쟁으로 인한 피해자들이었다. 이들은 불편한 상태에서도 나름대로의 장기를 발휘해 전통악기를 연주했고 연주 실력도 좋은 편이었다. 하지만 얼굴빛은 그리 밝지 못했다. 일행 중 누군가가 캄보디아 사람들을 보면서 국민 전체가 아직 정신적 충격에서 완전히 벗어나지 못한 듯하며 심리적인 치료가 필요한 것 같다고 진단할 정도였다.

캄보디아에서의 일정 중 반나절은 캄보디아 최대의 호수라는 톤레삽 호수 관광으로 잡혔다. 이 호수로 가는 길은 다 쓰러져가는 수상 가옥으로 즐비했는데 주민들은 상하수도 시설이 전혀 되어 있지 않은 오염된 물을 사용하고 있었다. 이 가이드는 "한국 엄마들이 톤레삽 호수에 오면 자신의 아이들에게 캄보디아에 태어나지 않은 게 얼마나 다행이냐고 얘기한다. 얼마나 행복한지 실감하고 감사해야 한다고 아이들에게 교육시키는 것을 여러 번 보았다"라고 설명했다.

그나마 캄보디아 전체적으로 볼 때 앙코르와트가 위치한 시엠립이란 도시는 경제 형편이 나은 축에 들어간다고 한다. 캄보디아는 자기 조상의 위대한 유적조차 복원할 여력이 없어 UN이나 일본, 영국 등의 힘을 빌려 유지 보수하고 있다. 일행을 태우고 다닌 운전기사는 시엠립에서 돈을 벌기 위해 머나먼 고향을 떠나왔다고 했다. 결혼한 지 3년 된 아내와 갓난아기는 고향집에서 그가 집 살 돈을 벌어 귀향하는 날을 기다리고 있었다. 그가 집을 장만하려면 어림잡아 20년은 열심히 일을 해야 할 것 같았다. 가족과 떨어져 20년을 벌어야 한다는 사실이 듣기만 해도 가슴 아팠다.

그 가이드에겐 정말 미안했지만 친구도 마음속으로 캄보디아에 태어나지 않은 것을 잠시 감사하게 생각했다고 한다. 돌아오는 길에 가이드와 기사에게 하루라도 빨리 가족과 함께하는 날이 오기를 기원한다고 말해주었는데 가족 이야기를 하자 그 기사의 눈에는 잠시 이슬이 맺히는 듯했다. 물론 어느 나라에 태어나지 않아서 행복하다는 생각은 이기적이다. 그렇게 생각하자면 세계에서 가장 부유하다는 나라들, 선진적인 나라들에서 태어나지 않아서 불행하다는 생각도 할 수 있기 때문이다.

하지만 내가 캄보디아 이야기를 하는 것은 그 나라가 겪은 불행을 강조하고자 함이 아니다. 아무리 행복에 대한 척도가 나라마다 다르고 개인마다 달라도 모두를 불행하게 만드는 요소는 존재하고, 그것을 최소화하기 위해 정부가 존재함을 강조하기 위해서다. 한 나라의 지도자, 한 조직의 리더, 한 가정의 책임자는 자신이 이끄는 공동체 사람들의 기본적인 욕구를 충족시켜주기 위해 노력해야 한다는 점을 강조하고 싶어서다.

매슬로우(Abraham Maslow)가 얘기하는 가장 낮은 단계의 욕구, 즉 굶주림에서 벗어나고 기본적인 위생을 유지할 수 있고 공포나 생명의 위협으로부터 안전한 상태는 유지할 수 있어야 한다. 생존을 위한 기본 조건을 충족시키는 것은 행복을 위한 기본 조건이기 때문이다.

우리 사회에서 많은 사람들이 행복에 대해 얘기하고 행복론에 관한 책이 발간되고 행복 지수에 대한 강의가 공감대를 형성하고 있다는 것은 참 다행한 일이다. 얼마 전 인터넷 서점에서 행복 또는 행복론에 대한 책을 검색했더니 40권이 넘었다. 이처럼 사람들이 행복에 대해 많은 관심을 갖게 되었다는 것은 사람들이 그만큼 행복하지 않다는 의미도 되지만, 뒤집어 말하면 대다수의 사람들이 먹고살 만큼의 여유는 생겼다는 의미도 된다. 마음을 다스리고 주관적인 가치관을 변화시킴으로써 자신의 행복 지수를 높일 수 있게 되었기 때문이다. '먹고사는 문제'를 해결하기 위해 경제 정책을 입안하고 집행하는 일에 30여 년을 바친 경제 관료로서 이제 행복론을 강의하고 다닐 수 있게 된 것은 그런 의미에서 역시 감사할 일이며 행복한 일이다.

## ▮▮ 행복 지수 = 가진 것/바라는 것

전 세계에서 국민의 행복 지수가 8번째로 높다는 아시아의 가난한 나라 부탄 이야기는 우리에게 생각할 거리를 준다. 부탄 정부는 전 세계에서 유일하게 국민의 총 행복 지수를 높이는 방향으로 정책을 만든다고 한다. 부탄 정부의 국민의 행복 지수를 높이기 위한 여러 가지 정책 중 하나를 보면 광고의 금지다. 광고는 그것이 상품이든 서비스든, 소비자로 하여금 갖고 싶다는 욕망을 불러일으키기 위해 만들어진다. 이 때문에 부탄 정부는 대부분의 거리 광고판을 금지할 뿐 아니라, 특히 어린이를 대상으로 한 광고는 전면 금지하고 있다.

실제로 행복을 연구하는 과학자들의 분석에 따르면 광고 금지는 사람들의 행복 지수를 높이는 데 영향을 준다. 영국 BBC 방송 특집에 따르면 리처드 라야드(Richard Layard) 교수는 "상품에 관한 정보를 지극히 제한적으로 실을 수 있는 화보 광고는 특히 사람들에게 자신이 가난하다는 느낌을 갖게 한다"면서 중단시켜야 한다고 주장했다. 자본주의 국가에서 과연 광고를 중단할 수 있을지는 의문이지만 광고가 갖는 부작용에는 동의한다.

과학자들은 광고가 사람들의 욕망을 자극함으로써 자신들의 상태를 실제보다 더 나쁘다고 인식하게 한다는 점을 지적한다. 이는 내가 정의하는 행복 지수와 밀접한 관련이 있다. 내가 정의하는 행복 지수는 아주 간단한 수식이다. 즉 '가진 것 / 바라는 것'이다. 예를 들면 내가 지금 가지고 있고 이룩한 것이 80인데 바라는 것은 100이라면 행복 지수는 80이다. 물론 명확히 정의된 개념은 아니고 세상을 살면서 느꼈던 생각을 정리하다가 문득 떠오른 것이다. 이 분자와 분모 사이의 미묘한 상관관계가 바로 이 장의 주제다.

사람들은 자신이 가진 것을 당연하게 여긴다. 자신이 가진 것이 얼마나 가치 있고 소중한지를 깊이 생각하지 않는다. 그냥 자신이 이미 가지고 있기 때문에 중요하게 생각하지 않는다. 감사할 줄도 모른다. 자신이 아직 갖지 못한 것, 지금 바라는 것만을 더 크게, 더 중요하게 생각한다. 가진 것이 많음에도 불구하고 바라는 것이 커지면 자신이 불행하다고 느낀다. 사람들은 누구나 행복해지기를 원하는데 행복하다고 자신 있게 말하는 사람은 많지 않다.

학창 시절에는 남보다 더 좋은 성적을 거두는 것이 행복해지는 방법이라고 생각한다. 그런데 이상하게도 아무리 좋은 성적을 내는 학생이라도 행복해하지 않는다. 이들은 자신보다 조금이라도 성적이 앞서는 사람들을 보면 스트레스를 받는다. 좋은 성적은 또한 좋은 직장으로 연결되어야 행복해진다고 생각하고 다들 열심히 취업 준비를 한다. 취업 준비, 고시 준비를 하면서 좋은 직장에 가거나 고시에 합격하면 행복해진다고 생각한다. 그리고 좋은 직장에 취업을 한 이후에는 직장에서 인정받기 위해, 남보다 빨리 승진하기 위해 맹렬하게 노력한다. 결혼을 하면 그때부터는 남보다 더 좋은 집 갖기 경쟁이 시작된다. 그뿐인가, 아이를 낳으면서 내 아이의 1등, 내 아이의 영재교육을 위해서 혼신의 노력을 기울인다. 행복하기에는 인생이 너무 숨 가쁘다.

이러한 숨 가쁜 경쟁을 거치면서 나름대로 앞서온 사람이라면 당연히 행복하다고 느껴야 하지만 사실은 그렇지 않다. 분명 객관적으로 많은 것을 이룬 사람인데도 막상 "당신은 행복하십니까?" 하고 물으면 "그렇습니다"라고 대답할 수 있는 사람은 많지 않다. 왜 그럴까? 누구나 당연하게 행복을 구하기 위해서 행복 지수의 분자, 즉 가진 것을 늘리려고 온갖 노력을 다한다. 그런데 노력한 만큼 얻었는데도 왜 행복 지수는 높아지지 않는 걸까? 여기에 세상의 묘한 이치가 숨어 있다.

행복은 몸과 마음의 욕구가 채워진 상태라고 했다. 몸(물질)의 욕구가 채워졌는데도 행복해지지 않았다면 마음의 욕구를 살펴보는 지혜가 필요하다. 행복 지수 중 분모인 '바라는 것' 말이다. 전체 크기를 크게 하는 방법으로 분자를 늘리는 쪽이 나을까? 분모를 줄이는 쪽이 나을까? 숫자를 가지고 분석해보았더니 의미 있는 결과가 나왔다.

▶ 1/5(0.2)　2/5(0.4)　3/5(0.6)　4/5(0.8)　5/5(1)
　　　+0.2　　　+0.2　　　+0.2　　　+0.2

▶ 1/5(0.2)　1/4(0.25)　1/3(0.33)　1/2(0.5)　1/1(1)
　　　+0.05　　　+0.08　　　+0.17　　　+0.5

분자, 즉 가진 것을 하나씩 늘려보면 일정하게(0.2) 늘어난다. 그런데 분모를 하나씩 줄여보면 처음에는 천천히 늘어나지만 점점 늘어나는 폭이 커진다. 둘 다 처음과 끝은 같은데 변화하는 과정에서 확연한 차이가 드러난다. 분자를 크게 하는 것, 즉 물질의 충족 상태를 높이는 일은 처음부터 그 효과가 일정하게 나타난다. 그런데 분모를 작게 하는 일, 즉 바라는 바인 욕심을 줄이는 일은 처음에는 효과가 작게 나타나지만 일정한 정도를 지나면 눈에 띄게 크게 나타난다. 이것이 분모를 작게 하기가 어려운 이유가 아닐까?

사막에도 우기에는 비가 내린다. 처음 한참 동안은 비가 왔는지 안 왔는지도 모르게 다 스며들어버린다. 하지만 어느 정도 시간이 지나면 내리는 비는 모두 도랑을 채우고 격렬하게 흐른다. 눈에 보이지 않는다고 효과가 없어지는 것은 아니다. 마음속 깊은 곳에 차곡차곡 쌓이는 것이다. 가시적인 결과에 급급한 사람들은 눈에 보이지 않으면 이내 포기하고 만다.

지금까지는 분자든 분모든 한쪽만 변하고 다른 한쪽은 고정되어 있다고 가정했다. 이러한 가정을 하고 보면 결과는 같지만 단기적으로는 분자(물질)를 늘리는 것이 분모(욕심)를 줄이는 것보다 효과적으로 보인다. 그러나 분자든 분모든 둘 다 변하는 상황을 가정해보면 결과는 달라진다. 바라는 것을 실제로 가지기 위해서는 다른 사람과 치열한 경쟁을 통해서만 가능하다. 그만큼 가진 것을 늘리기는 어려운 반면에 바라는 것이 늘어나기는 너무나 쉽다. 사람의 욕심은 끝이 없기 때문이다. 끝없이 늘어나는 사람의 욕심, 즉 바라는 것의 속도를 분자가 따라가기는 매우 힘들다.

　가진 것이 4인 사람과 1인 사람을 비교해보자. 가진 것이 4인 사람의 분모, 즉 바라는 것이 5인 경우 그의 행복 지수는 80이다. 그런데 1을 가진 사람일지라도 바라는 것의 크기가 1인 경우 그의 행복 지수는 100이다. 만약 4를 가진 사람의 욕심이 점점 더 커져서 8이나 9, 10으로 늘어난다면 그의 행복 지수는 50 이하로 떨어지게 된다.

　내가 아는 사람은 남부러울 것 없어 보이는 조건을 갖추고 있다. 강남에 60평대의 아파트를 포함해 세 채 가량의 아파트를 소유하고 있으며 사랑스런 아내와 두 아들과 단란한 가정을 꾸리고 있다. 본인의 사회 경력도 화려하고 아이들도 모두 좋은 대학을 나와 직장에 다니고 있다. 그런데 어느 날 이 사람이 한숨을 내쉬면서 자신의 인생은 실패라고 자책했다. 무슨 큰일이 있나 하고 연유를 물어보자, 강남의 아파트 값이 이렇게 뛸 줄 알았다면 상가나 오피스에 투자할 것이 아니라 그 돈으로 아파트를 샀으면 최소 다섯 배 이상 돈을 벌었을 것이라며 통탄했다.

　강남에 집 한 채도 없는 사람이 이런 이야기를 들으면 정말 분통 터질 일이지만 이 사람의 통탄과 억울함과 걱정은 ‘진짜’라는 데 문제가 있다. 이 사람의 속상함의 크기는 누구 못지 않게 컸다. 즉 아무리 많이 가져도 욕심이 채워지지 않는 한 행복과는 거리가 멀 수밖에 없다. 강남에 집을 가진 사람이나 가지지 못한 사람이나 걱정의 크기, 행복의 크기가 비슷하거나 오히려 재산 크기와 반비례할 수 있음을 보여준다. 결론적으로 아무리 분자(물질)가 늘어나도 그보다 분모(욕심)가 늘어나는 속도가 크고 빠르기 때문에 분자를 늘려서는 결코 전체 크기를 크게 할 수 없는 것이다. 즉 가진 것을 늘려서는 결코 행복을 크게 할 수 없다는 말이다.

가지려고 하는 욕심을 줄이는 길이 처음에는 더디지만 행복에 이르는 가장 확실한 방법이다. 예수의 산상수훈에 이런 말이 있다.

"마음이 가난한 자는 복이 있나니 천국이 저들의 것임이요."

이 구절을 강론하시는 목사님들의 '마음이 가난한 자'에 대한 해석은 각기 다르겠지만 나는 '욕심을 다스리는 자'로 해석하고 싶다.

## ▌▌ 욕심을 다스리는 자

행복론을 강의하고 다니다 보면 많은 사람을 만날 수 있다. 어떤 분이 내게 물었다.

"저는 바라는 것은 100이고 이룬 것은 120입니다. 저의 행복 지수는 얼마입니까?"

이 사람은 자신의 욕심을 다스렸기 때문에 분자, 즉 이룬 것이 120이 될 수 있었다. 사실 바라는 것이 100이면 이루는 것도 100이다. 그 이상 될 수가 없다. 어떻게 100을 넘어설 수 있을까? 그것은 바로 감사하는 마음, 욕심을 다스리는 지혜로부터 나오는 것이다. 그렇게 해서 그의 행복 지수는 더 높아진 것이다. 이런 사람은 나눌 수 있는 여유가 있다. 그는 아무리 나누어도 자신의 것이 줄어들지 않는다. 이미 욕심을 다스렸기 때문이다. 오히려 나누고 봉사함으로써 다른 사람에게 행복을 주고, 그것이 다시 충만감으로 돌아오기 때문에 모두에게 도움이 된다. 나는 우리 사회에 이처럼 자신의 욕심을 다스릴 수 있는 사람이 많아졌으면 하고 바란다.

얼마 전 젊은 청년들과 이야기를 나눌 기회가 있었다. 이들은 자신들의 장래, 결혼 및 배우자 등 여러 가지 문제에 대해 내게 질문을 했다. 그중에서 가장 많은 이야기를 나누었던 화제는 결혼 상대의 선택이었다. 한 청년은 "외모도 출중하고 성격도 좋고 집안 배경도 좋고 돈도 많은 여자를 만나면 좋겠지만 현실에서는 그런 여자를 만나기가 쉽지 않다. 그렇다면 결국 가장 중요하게 생각하는 어느 한 가지를 충족시키면 나머지 조건에 대해서는 포기하게 될 것 같다. 가장 중요한 한 가지를 무엇으로 선택해야 할까"라고 물었다. 그 자리에 있던 다수의 청년들은 요즘 취업하기 어렵고 내 집 마련하기도 어려우니까 안정된 직장을 가진 여성이거나 부잣집 딸이었으면 좋겠다는 이야기를 했다.

그 이야기를 듣고 내게 떠오른 생각이 있었다. 내 친구 중에서 집이 너무 가난한 친구가 있었다. 그는 대학 시절 내내 과외를 하면서 학비를 벌어야 했다. 그러던 중 자신이 가르치던 과외 학생과 결혼했다. 그 여학생의 집은 매우 돈이 많았고 이 친구에게 많은 것을 약속했다. 친구는 그 여학생과 결혼했고 유학을 떠났다. 처가의 도움으로 무사히 유학 생활을 끝내고 돌아온 친구는 대학교수로 자리를 잡았고 지금은 안정된 생활을 하고 있다.

몇 년 전인가, 오랜만에 이 친구로부터 연락이 와서 만났다. 그는 적어도 돈 걱정은 하지 않고 산다고 했다. 그런데 표정이 어두웠다. 그의 설명은 이러했다. 결혼하기 전 이 여학생에 대한 감정을 사랑이라고 말하기는 어려웠지만 가난이 너무 싫었기 때문에 그녀와의 결혼을 결심했다. 가난에서 벗어나기만 할 수 있다면 참지 못할 것이 없다고 생각했다. 실제로 그러고 보니 그녀의 모습이 점점 호감형으로 느껴지기도 했다. 결혼하고 유학 생활 동안 그는 처가의 전폭적인 지원을 받아 다른 걱정 없이 공부에만 전념할 수 있었다. 한국에 돌아와 대학교수로 자리를 잡으면서 자신의 사회적 지위와 명성이 높아갈수록 집에서의 생활에 조금씩 불만이 쌓여갔다.

돈 걱정을 하지 않고 살 수만 있다면 이 세상에 부러울 것이 없다고 생각했던 젊은 시절의 갈망은 어디론가 사라지고 어느 덧 마음속에 불만이 싹텄다. '아내라는 사람이 좀 매력적이면 얼마나 좋을까.' 친구네 가족과의 모임도 마음 편하게 할 수 없을 정도로 아내의 외모나 지적 수준에 대한 불만이 쌓여갔다. 물론 마음속 깊은 곳에서 '내가 아내를 배신하면 인간이 아니지!'라고 생각하고 있고 가정적으로 살기 위해 노력하겠지만, 자신의 삶이 행복한 삶과는 거리가 있다고 느끼고 있었다. 결국 그는 자신이 돈 때문에 어쩔 수 없이 배우자를 선택했다는 자괴감에 빠져 '자신의 인생은 불행하다'고 느끼고 있는 것이었다.

그렇다면 이 친구의 아내는 어떨까. 남편이 자신과의 결혼을 후회하고 자신의 외모나 지적 수준을 부끄럽게 여긴다는 것을 못 느낄 리가 없다. 당연히 남편에 대한 원망이 생기고 자신의 결혼 생활이 불행하다고 느낄 것이다. 그러면 남편과의 관계는 좋아질 수가 없다. 시어머니와의 관계도 좋지 않다. 얼마 전에 이 친구의 소식을 들었더니 아내가 아이 둘을 데리고 미국으로 갔다고 한다. 아이들 교육을 핑계로 댔겠지만 그보다 더 큰 이유가 있음을 짐작하기는 어렵지 않았다.

결혼하기 전에 배우자에게 거는 조건은 결혼하고 나면 '당연한 것'이 된다. 그 조건을 얻은 대신 다른 것을 포기해야 한다는 사실을 망각하는 것이다. 외모가 출중한 여성을 최고의 조건으로 내세웠다면 결혼 후에도 평생 그 외모에 대한 감사의 마음을 잊지 않고 살아야 하지만 인간의 마음은 그렇지 않다. 출중한 외모는 기본으로 하고 다른 추가 조건을 바라게 된다. 즉 바라는 것의 크기가 점점 커지는 것이다. 하지만 사람이 크게 변화하기 힘들다는 점을 감안한다면, 결혼 후 상대에게 바라는 것이 더 커질 경우 그 결혼이 그다지 행복하지 못하리라는 사실은 불을 보듯 뻔하다.

## ▌▌ 원숭이와 복권

밀림에서 원숭이를 잡을 때 나무 둥치에 원숭이 손이 간신히 들어갈 만한 구멍을 뚫어놓고 그 안에 바나나를 넣어둔다. 그러면 원숭이가 조심스럽게 다가와 구멍 속으로 손을 넣어 바나나를 빼내 먹으려 한다. 원숭이가 바나나를 움켜쥔 채로 손이 빠지지 않아 끙끙대는 순간에 다가가 사로잡는 것이다. 움켜쥐고 있는 바나나를 놓으면 원숭이는 도망갈 수 있다. 그런데도 바나나를 놓지 않으려는 욕심 때문에 사람에게 사로잡힌다. 이러한 원숭이 사냥이 수백 년이나 계속되었다는 것을 보면 '원숭이는 원숭이'라고 비웃을지도 모른다.

하지만 우리 인간의 욕심도 크게 다르지 않다. 한 젊은이가 "나는 왜 이렇게 가난한지 모르겠다"며 한탄을 했다. 옆에서 듣고 있는 노인이 젊은이에게 물었다. "자네는 천 달러를 준다면 손가락 하나를 자르겠는가?" 젊은이는 당연히 그렇게 할 수 없다고 대답했다. "자네는 10만 달러를 주면서 두 눈을 실명시키킨다면 동의하겠는가?" 젊은이는 당연히 그렇게 하지 않겠다고 대답했다. "자네는 100만 달러를 주면서 80세 노인이 되라고 하면 하겠는가?" 마지막 질문에도 젊은이는 역시 그럴 수 없다고 했다. 그러자 노인은 "자네는 벌써 수백 만 달러로도 바꿀 수 없는 건강과 젊음을 가지고 있는데 왜 가난하다고 하나?"라고 되물었다. 젊은이는 그제야 힘을 내며 고개를 끄덕였다.

얼마 전 로또복권으로 인해 깨진 사랑 이야기가 사회에 충격을 준 바 있다. 사랑스런 딸까지 낳고 행복하게 살아온 부부가 로또 1등 당첨으로 벼락부자가 되자 서로 자기 돈이라고 주장하며 법정 다툼까지 가게 되었다. 아내는 자기가 좋은 꿈을 꾼 후 남편에게 돈을 주어 사게 했으니 자기 돈이라고 돈을 차지했다. 남편은 그런 사실이 없고 자기가 샀으니 자기 돈이라며 아내가 돈을 갖지 못하도록 해달라고 법원에 소송을 제기했다. 심지어 한 조사에서는 "만약 로또에 당첨된다면 현재의 배우자와 계속 살 생각입니까 아니면 헤어질 것입니까"라는 질문에 상당수의 사람들이 헤어지겠다고 답했다고 한다.

미국의 한 조사에 의하면 로또 당첨자의 삶의 만족도는 1년도 안 돼 평범한 사람들과 같아졌다. 그 원인에 대해서는 '로또 당첨자들의 상당수는 당첨될 당시 짜릿할 정도의 최고 만족도를 맛본 만큼 그런 자극이 계속되지 않아 삶의 만족도가 급속하게 떨어진다' 는 분석이 있다. 이런 이야기를 듣다 보면 참 인간이 어리석게 느껴지지만 그것이 인간이다.

하지만 희망이 있다. 인간은 노력해서 자신의 욕심을 다스릴 수 있다. 완벽하게 다스리기야 어렵겠지만 노력하면 성과를 얻을 수 있다는 것이 얼마나 다행인가. 실제로 우리는 주변에서 자신의 욕심을 다스리고 주변을 보살핌으로써 오히려 자신의 행복을 채우는 사람들을 많이 본다.

## ▮▮ 넘치는 행복을 나누자

불우한 이웃을 돕자는 캠페인이 자주 벌어진다. 그리고 수식어처럼 따라붙는 것이 경기가 어려워 도움의 손길이 줄어든다는 설명이다. 사는 수준은 예전에 비해서 많이 좋아졌지만 서로 돕는 아름다운 풍속은 예전만 못하다는 생각이 든다. 아무리 곳간에 양식이 넘쳐나도 아직 부족하다고 생각하는 사람에게는 남을 도울 여유가 없다. 통장에 99억 원이 있는 사람은 1억을 마저 채워서 100억을 만들고 싶어 한다. 30평대 아파트를 마련하면 다음에는 40평대 아파트 마련이 목표가 된다. 40평대 아파트를 마련하면 다음 목표는 50평대 아파트다. 아무리 내 집 마련을 한들 행복하고 여유롭기보다는 쫓기고 허덕인다.

행복 지수가 높으면(가진 것에 비해 바라는 것이 적으면) 비록 가진 것은 적을지라도 마음만은 넉넉해지고 남을 돌아볼 줄 아는 아량이 생긴다. 우리 삶의 궁극적인 목적은 행복이다. 돈을 많이 벌거나 높은 지위에 올라가는 것도 궁극적으로는 행복해지기 위해서다. 힘들게 공부하고 일하는 것도 행복해지기 위해서다. 그런데 주객이 전도된 경우를 종종 본다. 돈을 많이 벌거나 높은 지위를 얻는다고 해서 행복 지수가 높아지는 것은 아니다.

새벽에 서울역을 청소하는 환경미화원 한 분이 이런 말을 했다.

"내가 새벽에 나와 길을 깨끗하게 치우면 출근하는 사람들이 기분 좋게 하루를 시작할 것이고, 그 사람 주위에 있는 사람들을 기분 좋게 만들어 많은 사람들이 기분 좋은 하루를 맞이할 것이다."

성공이란 바로 이런 것이 아닌가 생각한다. 내가 그 자리에 있음으로써 그 자리가 빛나고 내 주위에 있는 사람들이 행복해진다면 지위의 고하를 막론하고 그 사람은 성공한 사람이 아닐까. 또 이분이 '나는 지구의 한 구석을 쓸고 있다'고 생각함으로써 자기가 하는 일의 가치를 높이고 행복 지수도 높인다고 하는 어느 심리학 교수의 강의를 들은 적도 있다. 수긍이 가는 이야기다.

# 건강한 노후를 위한 지침

얼마전 《포브스》지는 노년기에 접어든 베이비 붐 세대를 위해 장수 비결 열다섯 가지를 공개했다. 그저 오래 사는 것이 목표가 아니라 건강하게 오래 사는 것이 목표이기 때문에 귀담아 들을 가치가 있다고 생각된다.

첫 번째, 너무 많이 자지 말라고 조언한다. 하루 평균 8시간 이상 자는 사람들의 수명은 현격히 짧아지는 것으로 나타났다. 가장 이상적인 수면 시간은 6~7시간. 4시간 이하로 수면을 취하는 사람들의 사망률도 높다.

두 번째, 애완동물 기르기. 배우자가 있거나 자녀가 함께 있으면 외로움을 느끼지 않겠지만 혼자 있을 경우에는 애완동물을 기르는 것이 도움이 된다고 한다. 애완동물을 기르다 보면 애착감을 느끼게 되고 이는 스트레스, 우울증, 운동 부족 등의 문제를 극복할 수 있게 도와준다.

세 번째, 감정 조절을 잘해야 한다. 예를 들어 화가 나는 일을 겪었을 때 화를 밖으로 폭발시키거나 화를 안으로 삭이는 것 모두 좋지 않다고 한다. 감정 조절을 통해 화를 다스리는 것이 필요하다. 2002년 존스홉킨스대학 연구 결과에 따르면 스트레스에 가장 극단적으로 반응하는 성인 남성군은 그렇지 않는 동년배에 비해 심장 질환에 걸릴 확률이 세 배나 높았다.

네 번째, 긍정적인 사고를 하는 것이다. 당연한 얘기겠지만 같은 정도의 스트레스를 받아도 긍정적인 사고를 하는 사람은 그렇지 않은 사람보다 스트레스를 느끼는 정도가 더 클 것이다.

다섯 번째, 결혼 생활을 잘하는 것이다. 건강한 배우자와 안정적인 결혼 생활을 유지하는 것은 건강에 매우 도움이 된다. 배우자를 선택할 때 가급적 조부모가 살아 계시는 사람과 결혼하라는 조언도 있다. 장수 또한 유전적인 요인일 수 있기 때문이다.

여섯 번째, 충분한 성관계를 가지라는 것이다. 조사 결과에 따르면 한 달에 한 번 성관계를 갖는 사람이 매주 한 번 이상 성관계를 갖는 사람만큼 행복하려면 후자보다 연봉 5만 달러를 더 벌어야 한다. 충실한 성관계를 갖는 것이 건강과 장수와 밀접한 관련이 있음은 말할 필요가 없다.

일곱 번째, 항산화제를 섭취하라는 것이다. 비타민 A, C, E와 같은 항산화제는 노화 현상을 더디게 하는 역할을 한다.

여덟 번째, 매일 명상을 하라는 것이다. 뉴욕 이스라엘병원 연구팀에 따르면 스트레스 해소를 위한 최상의 방법은 명상이다. 1시간의 수면보다 15분의 명상이 스트레스 해소에 더 효과적이라는 것이다. 하루를 시작하기 전에 5분이라도 명상을 한다면 하루의 스트레스를 훨씬 줄일 수 있다.

아홉 번째, 규칙적인 운동을 한다. 중년 이후에는 너무 과격한 운동보다는 걷기, 가벼운 스트레칭 등을 규칙적으로 하는 것이 도움이 된다.

열 번째, 금연을 하라. 담배가 건강에 해롭다는 사실을 알면서도 금연을 하지 못하는 사람들이 꽤 많다. 담배는 몸에 해롭다. 건강하게 오래 살고 싶다면 당연히 담배를 끊어야 한다.

열한 번째, 자주 웃어라. 자주 웃는 사람은 스트레스의 강도가 낮아지고 면역력이 높아진다. 연구 결과에 따르면 가짜로 웃는 것도 몸에 좋다고 하니 자주 웃는 것이 좋겠다.

열두 번째, 체중을 감량하라. 적정한 체중 유지는 건강의 기본이다. 비만이 되면 당뇨, 고혈압 등 질병에 걸리거나 콜레스테롤 수치에 이상이 생기는 등 건강에 문제가 생길 가능성이 높다. 적정한 체중을 유지하기 위한 방법으로 운동과 함께 야채와 과일을 많이 먹는 것이 좋다.

열세 번째, 경제적으로 여유가 있다면 좋다. 연구에 따르면 미국 내 연평균소득 2만 달러 이하 가정의 경우 24% 정도 만성 질환자가 있는데 반해 연평균소득 7만 5,000달러 이상의 가정은 6%에 그쳤다. 따라서 노후에 경제적인 여유를 가질 수 있도록 미리 계획하고 준비해야 할 것이다.

열네 번째, 콜레스테롤 체크를 정기적으로 한다. 콜레스테롤 수치를 체크하는 것은 필수다. 정기적으로 체크함으로써 미리미리 대비하는 편이 좋다.

열다섯 번째, 스트레스를 잘 조절해야 한다. 스트레스는 이제 만병의 근원으로 인식될 만큼 질병과의 연관성이 높다. 따라서 자신의 스트레스를 잘 인식하고 조절하려는 노력을 기울여야 한다.

# 02 노후 준비의 열쇠, 자녀 교육

## ▮▮ 동물의 지혜

인터넷을 보면서 공감이 가서 메모해둔 글이 하나 있다.

"중년이 되어서 자식이 유일한 자랑거리가 될 때, 그때부터 부모의 비극은 시작된다."

마음속으로 공감하는 사람이 적지 않을 것이다. 지금까지의 이야기를 정리해보면, 저출산으로 하나 또는 둘뿐인 아이들에 대한 과잉 투자 때문에 저축 여력은 소진되는데 고령화로 소요 재원은 오히려 늘어났다. 돈 쓸 일은 많아졌는데 수입은 줄어들었다는 것이 논의의 핵심이다. 그리고 그 수입이 줄어든 근본 원인에는 자녀 교육이 있다. 그래서 행복을 증진시키는 자녀 교육에 대해 집중적으로 이야기해 보려고 한다.

〈동물의 왕국〉 프로그램이 인기다. 어린아이들이나 보는 것이라고 생각하면 큰 오산이다. 정치인, 경제인 등 사회 저명인

사들이 즐겨 보는 프로그램이다. 생존의 순간이 교차하는 살벌한 동물의 세계 속에 무엇이 있기에 이렇게 많은 사람들이 즐기는 것일까? 사자는 새끼가 자라서 독립할 시기가 되면 무섭게 내쫓아버린다. 아직도 어미가 물어다 준 먹이에 연연하는 새끼는 혼쭐이 난다. 마치 자기 영역을 침범한 경쟁 상대를 쫓아내듯이 냉정하게 내몰아버린다. 물론 동물의 행태가 인간에게 그대로 적용되는 건 아니다. 또 바람직하지도 않다. 그렇지만 생명체의 근저를 이루는 원초적인 힘은 같다. 그래서 많은 사람들이 인간의 도덕률로 설명이 되지 않는 많은 고민의 해답을 동물의 세계를 보면서 찾는다. 〈동물의 왕국〉 속에 우리의 자식 사랑 해법이 있지 않을까?

## ▮▮ 자식 투자, '올인'에서 '하프인'으로

드라마를 보면 자녀 교육에 올인하는 엄마들의 이야기가 종종 나온다. 〈강남엄마 따라잡기〉에는 아들을 잘 키우기 위해 모든 것을 희생하고 강남으로 이사 간 어느 엄마의 이야기가 나온다. 극적인 재미를 위해 다소 극단적이며 특수한 경우를 설정해놓긴 했지만 전반적으로 세태를 제대로 풍자했다는 생각이 들었다. 주인공은 아들의 학원비를 위해 식당일, 대리운전, 심지어 노래방 도우미까지 한다.

자녀가 고3 수험생이 될 때 장롱 속에 1억 원을 준비해두어야 명문대를 간다고 한다. 학원만 다녀도 한 달에 200만 원씩 들어가는데 실력을 보강하기 위해 과외를 두어 가지 시키다 보면 한 달에 300만 원에서 400만 원 드는 건 예사란다. 거기다가 수능 앞두고 수능 족집게 과외, 논술 앞두고 논술 족집게 과외 등을 하다 보면 몇천만 원이 든다. 족집게 강사로 알려진 사람을 잡기 위해 엄마들의 정보전도 치열하다. 서로 중요한 정보를 공유하기보다는 비밀을 유지하기 때문이다. 그나마 조건 없이 정보를 공유하는 사이는 자매 사이밖에 없다고 할 정도다.

"우리 아이는 그렇게까지 시키지 말아야지 결심했죠. 그런데 막상 고3이 되고 내신이 생각만큼 나오지 않으니까 저도 모르게 고액 과외 강사를 찾게 되더라고요. 그리고 과외를 받으면 원하는 대학에 갈 수 있고 과외를 받지 않으면 그보다 못한 대학에 가게 된다고 생각하니까 빚을 내서라도 과외를 시키고 싶어지고요. 결국 제가 그렇게 못마땅하게 여겼던 모습을 스스로 따라가고 있었죠. 누구 나무랄 수도 없어요."

어떤 엄마의 얘기다. 이 엄마는 나름대로 세태를 따라가지 않으려고 애를 썼지만 결국 막판에는 고액 과외를 시킬 수밖에 없었단다. 뿐만 아니라 더 일찍 시키지 못해서 아이가 결국 원하는 대학에 못 간 것 같아 후회도 많이 했단다. 돈이 많아서 팍팍 밀어주지 못하는 것이 안타깝고 한스러웠다는 얘기다.

이처럼 모든 부모는 자식의 교육을 위해 최선을 다한다. 자신이 먹고 입는 것을 줄이더라도 자녀 교육만큼은 돈을 아끼고 싶지 않은 것이다. 사실 한국이 이만큼이라도 성장한 데는 이런 교육열이 중요한 역할을 했음은 부인할 수 없는 사실이다. 이런 교육열, 자녀 교육을 위해 최선을 다하는 부모의 열성은 나무랄 일이 아니다. 하지만 어디까지 감당할 것인가 하는 부분은 우리 모두 한번 생각해볼 필요가 있다.

노후를 자식에게 기댈 수 없다는 것은 모두 다 아는 사실이다. 자식에게 기댈 수 없다면 우리에게 필요한 노후 자금은 어느 정도일까. 사람마다 다르겠지만 집을 보유하고 있으면서 현금 5억 원 정도는 지녀야 생활을 유지할 수 있다는 조사 결과가 나와 있다. 하지만 아내와 함께 여행도 다니고 자식들이 놀러 왔을 때 용돈이라도 나누어주려면 그보다 훨씬 더 많은 돈이 필요할 것이다. 지금이라도 당장 계산을 해보아야 할 것이다. 내가 언제까지 일을 할 수 있으며 얼마를 벌 수 있는지, 자녀를 어느 정도까지 뒷바라지해줄 수 있는지 등 꼼꼼하게 따져서 계획을 세워야 한다. 특히 이런 계획은 다소 보수적으로 세워야 한다. 낙관적으로 세웠다가 나중에 계획이 틀어지면 낭패를 보기 때문이다.

만약 노후 계획이 제대로 세워지지 않는다면 지금부터라도 지출 계획을 수정해야 한다. 지금 금쪽같이 귀한 자식이라도 내 살길을 먼저 찾아놓지 않으면 안 된다. 지금 자식이 너무 귀한 나머지 훗날의 노후 자금까지 다 털어서 뒷바라지를 했다고 치자. 노년에 자식에게 손을 벌린다면 자식은 어떤 반응을 보일까. '아, 우리 부모님께서 나를 위해 많은 것을 희생하셨으니 내가 우리 부모님을 모시고 도와드려야지'라고 생각하는 자식이 얼마나 될까. 곰곰이 생각해보기 바란다. 결코 쉽지 않은 문제다. 자식이 결혼해서 자식을 낳아서 살고 있을 때를 상상해보면 아마 지금보다 더 팍팍할지도 모른다. 자녀 교육에 더 많은 돈이 들고 기대 수준은 더 높을지도 모른다. 또 생활비 수준도 더 높아져서 둘이 벌어 먹고살기도 빠듯할 가능성이 높다. 거기다가 부모까지 손을 벌린다면 아마 숨이 턱턱 막힐 것이다.

자식에게 짐이 되는 부모. 생각만 해도 싫을 것이다. 부모들에게 하고 싶은 말은 각자 살길을 먼저 계산해놓으라는 것이다. 아주 돈 많은 집이 아니라면 대부분 자금 설계가 필요할 것이며 현재의 지출을 구조 조정해야 한다. 노후에 품위 있게 지내면서 자식의 '눈치'로부터 자유로우려면 지금 냉정해질 필요가 있다.


## ▌▌ 예측 불가의 미래

인간은 앞으로 무슨 일이 일어날지 모른다. 신만이 미래를 알 수 있다. 타임머신이라는 기계를 통해서 과거와 미래를 맘대로 드나드는 SF영화처럼 될 날이 오기 전에는 인간은 1분 후에 일어날 일도 알지 못한다. 그런데 미래를 알고 싶어 하는 인간의 꿈은 집요하다. 새해 벽두가 되면 한 해 동안 자신에게 무슨 일이 일어날지 미리 알아보려는 사람들로 점집이 성황을 이룬다. 나는 혼자서 아이 셋을 데리고 잠시 미국에서 살아본 적이 있다. 이런 경험 덕분에 아이들의 고민을 비교적 이해하는 편이고 학생들의 진로에 대해 상담을 많이 받는다. 이때 가장 많이 듣는 말이 "앞으로 유망한 직업은 무엇입니까?" 또는 "우리 애가 무슨 과에 가면 좋을까요?" 하는 것이다. 부모는 자신의 30년 전 경험을 토대로 아직도 법대나 의대를 가라고 자녀에게 조언하지만 그것은 현명하지 못하다.

의사의 예를 보자. 1970년대, 우리 세대가 전공을 택할 당시만 해도 안과나 이비인후과는 산부인과나 소아과에 비해 그렇게 좋은 진료 과목이 아니었다. 하지만 지금은 인기 과목이 되었다. 성형외과도 마찬가지다. 예뻐지기 위해 얼굴이나 가슴을 수술하겠다는 생각이 당연하게 받아들여지는 사회는 예전에는 상상도 하지 못했다. 지금은 방학 철이 되면 성형수술하는 학생들로 예약이 꽉 찬다고 한다. 쌍꺼풀 수술이나 코를 높이는 수술은 이제 수술이라고 여기지도 않을 정도이다.

앞으로 10년 후에 어떤 직종이나 직업이 유망할지는 아무도 모른다. 외환 위기 때 은행원들이 대거 명예퇴직하면서 거리로 쏟아져 나왔다. 은행원은 30년 전 또는 20년 전만 하더라도 최고의 직업이었다. 대학에서 우수한 성적을 거둔 사람들은 은행에 가는 것을 당연하게 여겼고, 은행에 취업이 안 될 때에야 대기업에 가는 것을 고려하곤 했다. 그런데 세상이 어느새 바뀌었다. 대기업은 한국 경제성장의 견인차 역할을 하면서 그 역할과 규모가 급증했고 대기업에서 일하는 사람들의 위치도 높아졌다. 반면 은행은 부실의 대명사처럼 받아들여질 정도로 어려운 위치에 놓였다. 물론 외환 위기를 거치면서 은행은 새롭게 태어나 또다시 좋은 직업군으로 떠올랐지만 말이다.

이처럼 시대가 바뀜에 따라 '좋은 직업'도 수시로 바뀐다. 심지어 그전에는 있지도 않았던 직업이 새롭게 생겨나기도 한다. 앞으로 각광받을 직업은 고령화 사회를 대비한 노인 건강 관리사, 테러 급증에 따른 감시 공학 전문가, 그리고 에너지 위기 시대를 맞아 태양열 산업 전문가등이라고 한다. 이처럼 우리가 지금까지 듣도 보도 못했던 직업들이 유망하다고 하니 우리의 편견이나 감각으로 아이들의 장래 직업을 지도한다는 것은 얼마나 위험천만한 일이겠는가.

## ▮▮ 기본을 다지는 교육을 시키자

무병장수는 모든 인류가 바라는 소원이다. 그냥 오래 사는 것이 아니라 건강하게 오래 사는 것이 중요하다. 이런 인류의 소망을 이루기 위해 의학 기술은 꾸준히 발전되어왔다. 가장 무서운 질병이라는 암이나 에이즈도 언젠가는 퇴치할 수 있는 날이 반드시 올 것이라고 한다. 그중에서도 줄기세포를 이용한 질병 퇴치 노력은 점점 더 속도를 내고 있다. 줄기세포란 아직 다른 기능으로 분화되지 않은 세포이다. 분화되면 각종 장기도 되고 뼈도 되고 피부도 된다. 어떤 장기로도 기능할 수 있는 줄기세포가 인류를 질병으로부터 구원해줄 구세주로 등장하고 있다.

올림픽에는 유달리 육상과 수영 종목에 메달이 많다. 혼자 하는 종목인데도 축구나 배구와 같은 많은 선수들이 뛰는 종목과 마찬가지로 하나의 메달을 받는다. 이유는 육상과 수영이 체력의 기본이라고 생각하기 때문이다.

기초 체력이 있는 선수는 다른 종목에도 쉽게 적응한다. 우리나라가 월드컵 4강에 오른 것도 히딩크 감독의 기초 체력 강화 전략이 주효했기 때문이라고 축구 전문가들은 분석한다. 예측 불가의 상태에서는 줄기세포와 같은 기초 체력을 기르는 것이 중요하다. 축구 선수가 될지 골프 선수가 될지 미리 결정하기 어렵다면 어느 분야에서도 써먹을 수 있는 기초 실력을 닦아두는 것이 현명하다. 위험을 무릅쓰고 조언한다면 이과 학생에게는 수학이나 물리학, 문과 학생에게는 경제학이나 통계학을 전공하라고 하겠다.

## ▮▮ 좋아하는 일을 하게 하자

"직업은 옵션이다." 이런 광고가 있다. 때가 되면 배가 고파 밥을 먹는 데 무슨 이유나 까닭이 있을 리 없다. 세상을 사는 데 직업을 갖는 것도 그렇게 당연한 일이라고 생각하는 사람들에게 이 광고는 생뚱한 느낌을 갖게 했을 것이다. 그런데 지금은 세상을 사는 데 '직업을 가질 것이냐 아니냐'가 필수가 아니라 선택(옵션)이라는 것이다. 먹고살기 위해 직업을 가졌던 사람들은 이해하기 힘든 변화다. 그런데 그런 광고가 사람들에게 먹혀드는 걸 보면 세상이 많이 변하기는 했다.

우리 세대는 먹고살기 위해 일을 했다. 일을 하지 않으면 당장에 끼니를 굶어야 했고 장래를 위한 대비를 할 수가 없었다. 따라서 직업 선택의 기준도 당연히 먹고살기에 좋은 직업이 우선이었다. 그러나 우리의 자녀 세대는 다르다. 고정된 직업을 갖지 않는다고 해서 당장에 굶지도 않는다. '프리터(Freeter)족'이 있다. 자유(Free)와 아르바이트(Arbeit)의 합성어로 두세 개 이상 아르바이트를 하는 사람을 말한다. 직장 생활에 매달리면서 스트레스 받는 것보다 마음이 더 편하고, 자기 시간을 더 적극적으로 활용할 수 있는 여유가 있는 아르바이트가 직장보다 좋다고 생각하는 것이다.

낚시는 재미있다. 시원하게 트인 수면에서 맑은 공기를 마시며 낚시를 드리우고 있는 모습은 생각만 해도 가슴이 설렌다. 하지만 생계를 위해 고기를 잡으러 가는 어부의 표정은 그다지 밝아 보이지 않는다. 그 차이는 무엇일까? 취미로 낚시를 하는 사람은 자신이 원해서 한다. 꼭두새벽에 일어나 준비하고 머나먼 길을 달려 오지에 있는 낚시터까지 오기를 마다하지 않는다. 그러면서도 들뜨고 기쁜 마음으로 한다. 등산도 마찬가지다. 아픈 다리에 가쁜 숨을 몰아쉬고 땀을 뻘뻘 흘리며 산을 오르는 사람은 힘들면서도 기꺼이 산을 오른다. 그런데 고기를 잡아 생계를 이어가야 하는 어부의 입장이나 산에서 나물을 채취하거나 나무를 해서 살아가는 사람에게는 결코 즐겁지 않은 일이다. 같은 일을 하면서도 한 사람은 나날이 즐겁고 한 사람은 나날이 괴로운 것이다.

좋아하는 일을 하는 사람은 누가 일을 시켜서 하지 않는다. 스스로가 좋아서 하는 일이니 힘들어도 지치지 않는다. 시켜서 하는 일은 시키는 사람이 일을 잘하는지 감독을 한다. 제대로 하지 않으면 질책을 받는다. 하지만 좋아서 하는 일은 감독할 필요가 없다. 자기 자신보다 더 열정을 가진 사람은 없기 때문이다.

## ▌▌ 타고난 저마다의 소질을 계발하고

어린 시절 우리는 모두 〈국민교육헌장〉을 달달 외웠다. 헌장에 따르면 "타고난 저마다의 소질을 계발하고"라는 대목이 있다.

하지만 사실 우리는 타고난 저마다의 소질 같은 것은 생각해보지 않았다. 모두들 법대나 의대 가면 잘 갔다고 했고 상대 가서 은행이나 기업에 취직하는 것만이 잘사는 길이었다. 별로 선택의 여지가 없었고 갈 수 있는 길이 정해져 있었다. 그저 영어나 수학을 잘해서 취직 잘하는 것만 생각했다. 그러니 당연히 '내가 좋아하는 일은 무엇인가' 또는 '내가 잘할 수 있는 것은 무엇인가' 등의 질문을 해본 적이 없었다.

그런데 이제는 다양한 길이 열렸다. 박지성은 축구를 잘해서, 또 열심히 노력해서 세계적인 스타가 되었다. 박찬호는 야구로 이름을 날렸으며 돈과 인기를 한꺼번에 얻는 스타가 되었다. 최경주나 양용은은 어떤가. 둘 다 섬에서 태어났지만 끊임없는 노력으로 세계적인 골퍼가 되었다. 최경주는 벙커 탈출에 관한 한 세계 최고라고 한다. 그의 샌드웨지는 얼마나 연습을 많이 했던지 쇠가 다 닳아 없어졌을 정도라고 한다. 배용준은 움직이는 기업이다.

이처럼 돈이나 명예 그리고 권력을 쥐는 방법은 매우 다양하다. 옛날부터 이런 말이 있다. 재능 있는 사람은 노력하는 사람을 당하지 못하고 노력하는 사람은 좋아하는 사람을 당하지 못한다고. 좋아하는 사람은 누가 하라고 하지 않아도 매일 열심히 연습한다. 좋아하는 것을 하다 보면 그곳에 길이 있다. 그러니 부모가 아이의 눈과 귀를 가로막고 자신이 생각하기에 좋은 길로 강제 유도하는 것은 정말 어리석은 일이다. 그 길이 아이들이 살아갈 30년 후에도 여전히 좋으리란 보장이 없기 때문이다. 그런데 아이들이 좋아하지도 않는 일을 억지로 하게 하는 것은 정말 무책임한 짓이다. 내가 좋아하는 일을 하면 누가 하라고 하지 않아도 열심히 할 것이며, 그렇게 열심히 하다 보면 좋은 성과를 낼 것이고, 그러면 성공할 것이다.

다만 아이들이 '내가 무엇을 잘하는지, 무엇을 좋아하는지 잘 모르겠다'고 하는 경우에는 부모가 도와줄 필요가 있다. 예를 들면 아이와 함께 음악회도 가고, 전시회도 가고 운동도 함께하면서 많은 것을 경험하게 해주는 것이다. 또 다양한 책을 접할 수 있도록 도와주어야 한다. 아이들이 어딘가에서 길을 찾을 수 있도록 되도록이면 많은 것을 눈앞에 펼쳐주고 경험하도록 해주어야 한다.

## ▌▌실력과 싸가지를 겸비하도록

최근 미국의 어느 사립학교 선생님에게서 편지를 받았다. 그녀는 한국 학생들이 이제 더 이상 예의바르지 않고 과거와 같은 성실성을 갖추고 있지 않다는 실망감을 전했다. 그녀는 과거 한국으로부터 유학 온 학생들에게 많은 감동을 받았다고 했다. 비록 나라는 가난했지만 학생들은 성실하고 뛰어났으며 더구나 예의바르고 상대를 배려할 줄 알았다.

그녀는 그런 한국 학생들에게 많은 것을 베풀어주려고 노력했고, 한국 학생들은 그녀의 호의를 고맙게 받고 또 갚으려고 노력했다. 좋은 관계가 계속 유지되었다. 그런데 요즘 한국 학생들은 더 이상 그렇지 않다고 그녀는 개탄했다. 예의가 없으며 성실하지도 않다는 것이다. 게다가 좀 힘들면 그저 당면 문제를 피하려고만 하지 제대로 직면하고 해결하려 하지 않는다는 것이었다. 무엇보다 남을 배려할 줄 모르고 남과 더불어 함께하는 공동생활에 매우 약하다는 것이 가장 큰 문제였다. 왜 그럴까. 내가 앞서 여러 차례 얘기한 것처럼 아이들이 왕자와 공주로 자라기 때문이다.

요즘 엄마들은 할아버지 할머니 댁에 인사 가는 시간을 아껴서 학원에 보내고 문제집을 풀게 한다. 친구들에게 학원 이름을 가르쳐주지 말라고 시킨다. 문제가 생기면 모두 해결해주고 떠받들어 모신다. 아이는 한마디로 '싸가지 없는 사람'으로 자랄 수밖에 없다. 아이들의 잘못이 아니다. 부모의 잘못이다. 실력은 기본으로 갖추어야 하는 것이긴 하지만 결정적으로 사람의 성패를 가르지는 않는다. 특정 조직에 입사한 사람들은 대체로 비슷한 실력을 갖추고 있기 때문이다. 사람의 성공 여부를 가르는 것은 싸가지라고 할 수 있다. 싸가지란 싹수의 사투리다. 나는 실력 못지않게 싸가지를 갖추어야만 아이가 세상에 나아가 적응하고 자신의 능력을 발휘할 수 있다고 믿는다.

## ▮▮ 모국어의 중요성

요즘 대한민국 전체가 영어 열병을 앓고 있다. 영어를 잘하도록 하기 위해 초등학생 때부터 해외로 연수를 보내거나 1년 이상 체류하는 프로그램에 참가시킨다. 영어 유치원은 물론, 영아 때부터 영어 테이프를 동시에 들려줌으로써 완벽한 다중언어자를 만들려는 노력이 대단하다. 나는 언어학을 깊이 공부하지 않았다(방송대 영문학과를 졸업하긴 했지만). 또 언어를 공부하는 두뇌 체계 등에 대해서도 잘 알지 못한다. 그러나 내가 강조하고 싶은 것은 모국어의 중요성이다.

모국어를 완벽하게 구사할 수 없는 사람은 몇 가지 문제점을 가질 수 있다. 먼저 아무리 재미 동포라 할지라도 그의 뿌리가 한국인 이상 그의 직업이나 사회활동은 아시아의 범위를 벗어나지 않는다. 한국은 미국에 중요한 의미를 갖는 나라이며 특히 최근 경제적으로도 세계 10위권에 이르는 발전을 했기 때문에 그들 역시 한국과 관련한 일을 하게 될 가능성이 높다. 그렇다면 그 사람은 한국말을 완벽하게 알아야만 자신의 업무를 더 잘 수행할 수 있을 것이다. 또한 언어는 문화이자 정체성이다. 한국인으로 태어났다면 한국인으로서의 언어가 체계적으로 습득되어야 정체성 위기를 극복할 수 있다. 코스모폴리탄으로 살겠다고 할 수도 있겠지만 좀 공허한 얘기다. 뿌리가 튼튼해야 높이 자랄 수 있다.

## ▮▮ 학력 위조와 학벌 사회

신정아 씨의 가짜 학력 파문으로 온 나라가 학력 이야기로 시끌시끌했던 적이 있다. 신씨의 학력 위조를 계기로 많은 논란이 제기되고 있는데 그중 하나의 흐름이 바로 학벌 위주 사회의 문제점 지적이다. 하지만 나는 학력 위조 사건과 학벌 위주 사회의 문제점은 전혀 별개의 사안임을 강조하고 싶다. 일부 네티즌을 중심으로 학벌을 지나치게 중시하는 사회 풍토 때문에 이런 일이 벌어졌다는 문제 제기를 하는 경향이 있는데 이는 바람직하지 못하다. 학벌을 중시하는 사회 풍토는 물론 문제가 있고 개선이 필요하지만 학력 위조와는 따로 살펴볼 필요가 있다. 학력 위조는 학력 위조 그 자체로 사안을 바라보아야 한다.

학력을 위조하는 사람들은 불순한 의도를 가지고 자신의 학력을 속인다. 불순한 의도란 자신을 다른 사람보다 돋보이게 하거나 자신의 입지를 유리하게 만들기 위한 것이다. 이 같은 행위는 다른 사람에게 실제로 큰 피해를 끼친다.

첫째, 같은 분야에서 비슷한 조건으로 경쟁하는 다른 사람들과 공정한 경쟁을 하지 않음으로써 경쟁의 규칙을 훼손한다. 다른 사람들이 학력을 속이지 않고 정직하게 밝힘으로써 학력을 위조한 사람보다 상대적으로 적은 관심을 받게 되었다면 그것은 매우 나쁜 행동이다. 학력을 위조하여 게임에서 유리한 고지를 점한 사람을 보면서 그 후배들이나 동료들은 '학력을 위조하고픈 유혹'을 느낄 것이다.

둘째, 신뢰와 성실성을 전제로 학력 위조자를 채용한 사람에게 끼치는 해악도 매우 크다. 물론 검증 시스템을 제대로 활용하지 않은 채 학력 위조자를 채용한 것은 직무 태만에 해당할 정도로 중대한 잘못이다. 하지만 신뢰와 성실성을 전제로 하는 채용 과정에서 거짓과 위조를 일삼았다면 자신을 채용한 기관뿐만 아니라 사회 전체가 신용사회로 자리 잡는 데 많은 해를 끼친 셈이 된다.

셋째, 신정아 씨의 경우에는 그의 수업을 들었던 많은 제자들에게, 그의 전시를 보았던 많은 시민들에게 실망감을 주었다. 학생들은 스승으로 생각했던 사람에게 씻을 수 없는 상처를 받았다. 신씨는 그런 점에서 누구보다 사회에 큰 악영향을 끼쳤다고 할 수 있다. 반대로 신씨가 자신의 학력이 다소 모자람에도 불구하고 자신의 능력을 발휘하여 성공했다면 얼마나 많은 사람들에게 꿈과 희망을 주었을 것인가.

세계적으로 인터넷 보급률이 높고 IT 기술이 발달된 우리나라는 누리꾼들이 여론 형성에 가장 큰 힘을 미치고 있다. 누리꾼들은 참 많은 일을 수행한다. 죽어가는 드라마의 주인공을 살려내기도 하고, 지하철에서 개똥을 치우지 않고 그냥 내리는 여대생을 공개적으로 처벌하기도 한다. 군산의 한 초등학교 교실에서 일어난 폭행 사건을 고발하여 그 교사를 교단에서 물러나게 했으며, 제주도 어느 시설에서 공급하는 식사 내용을 공개함으로써 식사의 질을 높이기도 했다. 이런 누리꾼의 맹활약에 힘입어 학력 위조 혐의가 있는 연예인, 문화예술인, 유명 인사들의 학력 위조 고백이 잇따르기도 했다. 이들이 학력을 위조했다고 고백하는 이유는 누리꾼들에 의해 그 사실이 밝혀질 가능성이 높기 때문이었다고 한다.

어쨌든 누리꾼들이 연예인들의 학력에 지나치게 관심을 집중하는 것은 바람직하지 않아 보인다. 더구나 명문 대학을 졸업한 연예인을 또다시 조명하여 그들의 이름을 돋보이게 함으로써 또 다른 학력 중시 풍토를 조장하는 것은 아닌지 우려되기도 한다. 다만 이 일을 계기로 은근슬쩍 학력을 올리거나 위조하여 자신을 돋보이게 하려고 했던 사람들은 책임감을 가지고 인터넷에 떠도는 자신의 이력서나 각종 약력 등을 바로잡아야 할 것이다.

온 국민의 관심사가 이처럼 학력이나 학벌에 집중되어 있다 보니 신문기사도 영향을 많이 받는다. '고졸, 방송대 출신'이 윤택 감독이 동국대 교수로 채용되었다는 기사가 난 바 있다. 이 감독은 서울캠퍼스 예술대학 연극학과 부교수로 임용되었는데 그는 경남고를 졸업하고 한국방송통신대 초등교육과(2년제) 이수가 학력의 전부라고 한다. 하지만 이 감독은 1986년 부산 가마골소극장과 연희단거리패 창단을 통해 연극계에 뛰어든 이후 〈시민K〉, 〈오구―죽음의 형식〉, 〈바보각시―사랑의 형식〉, 〈문제적 인간 연산〉 등의 작품을 연출하는 등 연극 연출가로 탁월한 업적을 쌓아왔다. 또 포스코 등에서 기술을 연마하여 장인으로 인정받은 사람들의 이야기도 신문에 오르내린다. 하지만 앞으로는 학력이 이렇게 낮은데도 성공했다는 제목을 뽑을 것이 아니라 그 사람의 능력이 이처럼 뛰어나서 성공했다고 해주면 더욱 좋을 것 같다.

## ▌▌학벌 사회를 이겨내는 방법

앞에서 학력 위조와 학벌 사회를 별개로 보아야 한다는 말을 했는데 여기서는 학벌 사회에 대해 이야기해볼까 한다. 학벌 사회는 바로 우리 사회가 자녀 교육에 올인 하게 되는 단초를 제공하기 때문이다.

어린 시절, 고향에서는 대개 집집마다 한 명씩 고등교육을 받았다. 논밭이 많은 부잣집에서야 자식이 몇이 되었든 모두 서울로 유학시키고 고등교육을 시킬 수 있었지만 대부분의 가정에서는 그렇지 못했다. 대개 한 명 또는 두 명의 자식이 고등교육을 받았다. 물론 장남이 고등교육을 받을 확률이 가장 높았다. 장남이 고등교육, 즉 대학 교육을 받으면 온 식구가 그 장남에게 의지한다. 대학 교육이야말로 '좋은 직장'에 취업할 수 있도록 해주는 보증수표였기 때문이다.

10명 중 1~2명이 대학에 진학하던 시절에 대학 교육은 상류 사회로의 진입을 어느 정도 보장해주었다. 경제성장이 빠르게 진행되던 시절이라 일자리는 급속하게 늘어나는데 그에 걸맞게 교육받고 훈련된 인력은 많지 않았으니 당연히 졸업 후 즉시 취업이 되었다. 법대나 상대에 입학한 아들을 둔 부모는 동네에서 잔치를 벌여야 할 정도였다. 법대에 입학한 아들은 당연히 사법시험을 통해 법조계로 진출하는 코스를 통해 권력과 명예, 부를 쥘 수 있기도 했다. 상대에 진학한 아들도 당연히 돈을 잘 벌 것이라 기대했다.

지금은 상황이 많이 달라졌다. 일단 경제성장이 예전처럼 빠르게 진행되지 않는다. 이제는 질적으로 성장해야 할 시점이다. 과거와 같은 10%에 가까운 성장은 불가능하다. 선진국으로 진입하기 위해서는 생산성을 높이고 지식 경영을 통한 효율성 제고, 고부가가치형 산업을 육성해야 한다. 일자리가 급속하게 늘어나는 경제구조는 더 이상 아니라고 할 수 있다. 그런데 고학력 인력의 공급은 급속하게 늘어났다. 요즘은 10명 중 6명 이상이 대학에 진학한다. 그런데 졸업하고도 일자리가 없다.

대학 교육은 20년 전이나 10년 전이나 크게 달라지지 않았다. 오히려 평준화로 인해 학생들의 학업의 질은 떨어졌다는 비판도 있다. 우리나라 경제성장 패턴이나 세계 경제의 흐름

등은 고부가가치형 인재, 핵심 인재를 요구하는데 실제 인력 공급 측면에서는 큰 변화가 없었다는 얘기다. 즉 기업이 원하는 인재와 대학이 배출하는 인재 사이에는 큰 격차가 존재한다. 특히 지식 서비스 산업에 종사하는 세계적인 업체들은 한국의 대학 졸업생을 채용하기가 어렵다고 토로한다. 창의적인 문제 해결 능력을 갖춘 인재를 찾기가 어렵기 때문이다. 국내에서 명문대라고 손꼽히는 학교를 졸업했다고 해서 과거와 같이 기업으로부터 환영받을 수 있느냐 하면 아니라는 것이다. 어느 대학을 졸업했느냐가 아니라 어떤 인재냐가 더 중요해진 것이다.

그런데 사람들의 인식에는 전혀 변화가 없다. 교육 현장도 전혀 바뀌지 않고 있다. 그러니 청년 실업 문제가 해결되지 않는 것이다. 기업이 원하는 인재를 육성하기 위해서는 대학 입시에서 대학 교육까지 모두 바뀌어야 한다. 우리는 지금 교육의 문제를 해결하지 않으면 안 되는 상황에 놓여 있다. 지금과 같은 일자리 부족 상황에서는 이과의 우수한 학생은 의대로 진학하고, 문과의 우수한 학생은 법대로 가는 것을 탓할 수 없다 (법학·의학 전문대학원이 생긴 지금은 좀 달라지긴 했지만). 우수한 인재가 기업에 가서 자신의 가치를 인정받으면서 안정된 직장 생활을 하기 어렵기 때문이다.

굳이 우수한 학생이 아니라도 마찬가지다. 모든 대학생들은 안정된 일자리를 최고의 목표로 삼는다. 자신의 적성이 무엇인지 고려하지 않고 대학에 들어갔듯이 적성과는 상관없이 취업을 한다. 전국의 대학생 대부분이 공무원 시험을 준비하는 현상이 바로 그에 대한 증명이다. 그러면 어떻게 해야 할까. 여기서 명쾌한 해답을 제시할 수 있으면 참 좋겠지만 그러기는 쉽지 않다.

다만 몇 가지 얘기할 수 있는 포인트는 있다. 창의적인 인재로 키워주는 교육 시스템이 아니라면 개인적으로라도 창의적인 인재가 되기 위해 노력해야 한다. 부모들도 자녀를 명문 대학에 입학시키는 것만을 목표로 삼을 것이 아니라 창의적인 문제 해결 능력을 갖춘 인재가 되도록 어릴 때부터 관심을 쏟고 교육 방향도 그렇게 맞추어야 할 것이다. 구체적인 방법에 대해서는 여기서 얘기하기가 어렵다. 얘기하더라도 전문가가 아니기 때문에 적절하지 않을 수도 있기 때문이다.

힐러리 클린턴(Hillary Clinton)의 자서전 《살아있는 역사》에 보면 이런 얘기가 있다. 남편이 대통령에 당선되자마자 그녀는 재클린 케네디 오나시스를 만나러 갔다고 한다. 재클린이 힐러리를 만난 자리에서 가장 강조한 것이 딸 첼시의 교육 문제였다고 한다. 재클린은 백악관이라는 공간에 갇혀서 어린 시절을 보내는 것이 첼시에게는 매우 바람직하지 않다고 걱정했다. 특히 경호원들에게 둘러싸여 지내면서 제 나이에 겪을 수 있는 경험이나 실수 등을 겪지 않고 자라게 되는 것을 가장 걱정했다. 아이들은 제각기 자기 나이에 맞는 시행착오와 실수를 겪으면서 성장하며, 그것이 가장 바람직하다는 것이다.

힐러리는 재클린의 충고에 따라 딸 첼시가 되도록이면 경호원들에게 제지를 덜 받도록 노력을 기울였다. 첼시가 수학 문제를 어려워하면 아빠인 클린턴 대통령이 도와주었다. 클린턴 대통령이 출장 중일 때는 팩스로 문제를 서로 주고받으며 같이 의논하면서 풀었다고 한다. 우리나라 엄마들처럼 자녀를 키우면 어떻게 될까. 자녀가 어려움에 처하기도 전에 미리 알아서 문제를 다 해결해버리는 것이 요즘 엄마들의 모습이다. 한마디로 말하면 '내 아이가 고생하는 모습은 차마 못보겠다'는 것이 엄마들의 신념이며 가치관이다.

그러다 보니 아이는 세상을 헤쳐 나갈 수 있는 아무런 자생력을 갖추지 못한 채 세상에 나가게 된다. 아이의 잘못이 아니다. 그렇게 키운 부모의 잘못이다. 부디 자신만의 시행착오와 잘못을 저지르면서 반성하고 오류를 바로잡는 과정을 통해 성장할 수 있는 기회를 자녀들로부터 빼앗지 않기를 부모들에게 당부한다. 자녀 교육에 신경을 쓰지 말라는 뜻은 아니지만 자녀가 감당해야 할 몫까지 모두 빼앗아 와서 해결해버리지는 말라는 말이다. 그렇게 해야만 아이들이 자신만의 문제 해결 능력을 갖추게 될 것이다. 그런 과정을 통해 자신의 문제를 해결해온 경험이 있는 아이들은 장차 조직에서도 조직의 문제를 해결할 수 있는 능력을 갖추게 된다.

## ▌▌성인이 된 자녀는 성인으로 대하길

자녀에 대한 사랑이야 죽을 때까지 변치 않겠지만 그 사랑을 표현하는 방식은 나이에 따라 조금씩 변화할 필요가 있다. 예를 들면 자녀가 아주 어릴 때에는 많은 것을 도와주고 베풀어주고 보호해주어야 한다. 하지만 고교 시절이 지나면서 자녀는 점차 독립적으로 성장한다. 그러다가 결혼이라도 하게 되면 별도의 가정을 꾸리게 된다. 이제는 어엿한 성인으로 자신의 가정을 갖게 되는 것이다.

90세 노모가 70세 된 아들이 집을 나설 때에도 "얘야, 길 건널 때 차 조심하거라"라고 당부한다는 말이 있다. 마치 70세가 다 된 아들이 유치원생이나 초등학생이기라도 하듯이. 이는 부모의 마음이 자식을 대할 때는 언제나 한결같다는 의미에서 감동적이다. 하지만 조금만 다르게 생각하면 어머니의 태도가 바뀐다면 더 좋을 것 같다. 성인이 된 자녀는 독립적인 인격체로서 대접해주는 것이 좋다고 생각한다. 특히 자신의 가정을 꾸린 자녀라면 더욱 그렇다. 며느리에 대해서도 내 자식의 아내니까 내 자식이나 다름없다면서 여전히 자기의 소유물로 인식하거나 마음대로 영향력을 행사할 수 있는 대상으로 생각해서는 안 된다. 다만 부모와 자녀의 관계가 따스하고 건강한 관계로 잘 유지되어왔다면 부모는 자녀가 도움이 필요하거나 어려울 때 의논할 수 있는 대상이 될 것이다. 그냥 단순히 돈이 필요할 때 돈을 받으러 오는 그런 관계는 아닐 것이다.

중요한 선택을 앞두고 부모님에게 조언을 구하러 오는 자녀가 있다면 참 행복한 가족이다. 부모의 조언을 듣고 자신의 생각을 얘기하면서 자신의 선택을 조율하고 조정하는 자녀를 두었다면 무척 부러울 것 같다. 자녀가 성인이 된 후에는 도움을 청해 올 때 외에는 먼저 개입하거나 자신의 의견을 강요하지 않도록 해야 한다. 특히 미리 지레짐작하여 해결책을 강요하는 것은 바람직하지 않다. 만약 자녀가 부모님에게 조언을 구하지 않는다면 그것은 부모님이 지나치게 자신의 의견을 강요하거나 자녀의 이야기를 잘 들어주지 않았기 때문일 가능성이 높다.

# 만족도 높은 노년을 위해

### 라이프사이클과 행복

영국 BBC 방송의 특집기사에 따르면 행복은 스마일 모양이라고 한다. BBC 방송은 사람들이 일생에 걸쳐 삶의 만족도가 어떻게 달라지는가에 대한 조사를 실시했다. 만족도 조사가 시작되는 시기는 15~20세 사이였으며 이후 21~30세, 31~40세, 41~50세, 51~60세 그리고 61~70세에 이르는 기간에 걸쳐 조사가 이루어졌다. 이 조사에 따르면, 15~20세 사이에는 평균적인 만족도 지수가 높게 나타났다. 그러나 만족도는 나이가 들수록 낮아졌다. 만족도가 낮아지는 추세는 대략 40대에 저점을 찍게 되는데 50대에 이르면서 다시 올라가기 시작했다. 50대 이후에는 나이가 들수록 계속 올라가는 추세를 보였다.

남성과 여성 간의 만족도 조사 결과도 차이가 있었다. 여성은 남성보다 만족도가 낮은 상태에서 출발했다. 또한 만족도가 저점을 형성하는 기간이 남성보다 더 길었다. 여성은 30대부터 40대에 이르는 동안 계속 만족도가 낮았다. 그러다가 50대 이후에는 만족도가 올라가는 속도가 남성을 약간 앞섰다. 이 조사 결과를 보면 남녀 모두 40대에 만족도가 가장 떨어지는 것으로 나타났다. 40대는 사회에서 가장 왕성하게 활동할 시기이면서 동시에 가정에서도 가장 많은 책임을 수행해야 하는 시기다. 여성의 입장에서 보면 30~40대는 육아의 책임을 지고 있는 시기다. 아이를 낳고 키우는 것은 여성에게 말할 수 없는 기쁨을 주기도 하지만 가사와 육아 등을 동시에 수행해야 하는 만큼 큰 스트레스와 어려움을 준다는 것을 의미한다. 특히 여성이 사회생활을 병행하는 경우에는 만족도가 더욱 낮아질 것으로 짐작할 수 있다. 50세에 이르러 만족도가 높아지기 시작한다는 것은 이런 책임감과 각종 사회활동으로부터 조금씩 자유로워진다는 것을 의미한다. 비록 영국에서 이뤄진 조사라고 하지만 우리에게도 상당한 시사점을 준다.

물론 개인에 따라 만족도가 높은 시기는 달라질 수 있겠지만 평균적으로 30대와 40대에 가장 많은 의무감을 느끼게 되고 여러 가지 주변의 기대와 요구에 시달리면서 만족도가 떨어지는 것으로 분석된다. 40대 이후 만족도가 높아지는 추세를 보인다고 하는데 50대 이후에, 여러 가지 중대한 책임으로부터 자유로워지는 중년 이후에 얼마나 만족도가 높아질 것인가는 어떻게 준비하느냐에 달려 있다. 50대 이후에 정말 행복한 노년을 보내려면 어떻게 해야 할 것인가는 이 책의 가장 중요한 테마라고 할 수 있다. 이 책을 읽고 난 독자들이 어느 연령대에 있든 상관없이 자신의 인생 설계에 대한 중요한 포인트를 발견할 수 있으리라 기대해본다.

## 네 잎 클로버와 세 잎 클로버

적군의 저격수가 나폴레옹을 향해 총을 쏘았다. 말 위에 앉아 있던 나폴레옹은 그때 마침 네 잎 클로버를 발견하고 신기해서 고개를 숙였다. 그렇게 해서 총알을 피하게 된 이후 네 잎 클로버는 행운의 상징이 되었다. 이제 네 잎 클로버가 행운을 상징한다는 것은 모든 사람이 아는 사실이다. 그래서 클로버가 있는 곳에서는 사람들이 네 잎 클로버를 찾기 위해 눈을 크게 뜨고 여기저기 살피는 것을 종종 볼 수 있다. 물론 네 잎 클로버를 찾기란 결코 쉽지 않다. 사람들은 세 잎 클로버를 짓밟으면서 네 잎 클로버를 찾지만 별 소득 없이 끝나는 경우도 많다. 그런데 세 잎 클로버의 꽃말은 행복이다. 일상의 행복, 주변의 사소한 것에서 오는 기쁨 등을 무시한 채 커다란 행운을 바라는 우리의 모습을 일깨워주는 대목이다.

흔하다고 해서 소중하지 않은 것은 아니다. 주변에 있다고 해서 귀하지 않은 것이 아니다. 오히려 내 주변에 있는, 작고 흔하지만 행복을 주는 모든 존재를 고맙고 소중하게 여겨야 할 것이다. 행운을 바라느라 자칫 행복을 해치고 있는 것은 아닌지 한번 돌아보아야 할 일이다.

## 일용할 양식

기독교 신자가 아니어도 주기도문의 구절은 들어본 적이 있을 것이다. 주기도문에는 "하나님 아버지, 오늘도 우리에게 일용할 양식을 주옵시고"라는 구절이 있다. 하루 세끼를 먹는 것이 소원이었던 시절에는 한 끼를 배불리 먹는 것이 정말 감사할 일이었지만 요즘은 많이 달라졌다. 심지어 일용할 양식은 이미 넘치고 넘치는데 굳이 하나님에게 감사할 것까지 있느냐는 생각을 하는 사람도 있을 것이다. 하지만 기도문을 잘 살펴보시라. "우리에게 일용할 양식을 주옵시고"라고 되어 있다. 나에게는 일용할 양식을 주셨지만 우리에게는 일용할 양식이 다 주어지지 않았다. 전 세계에 68억 명의 인구가 있다. 이들 중 일부는 너무 먹을 것이 많아서 성인병을 걱정하고 다이어트를 해야 하는 상황이지만, 일부는 하루 한 끼를 먹기 위해 위험을 무릅써야 한다. 전쟁과 기아에 시달리는 아이들도 많다.

사실 우리는 68억 명이 골고루 나눠 먹을 식량을 가지고 있다. 그런데 그것이 제대로 배분되지 않았기 때문에 누구는 넘치고 누구는 모자라는 것이다. 어떻게 하면 고르게 나눌 수 있을까. 넘치는 사람이 나누어야 한다. 자신의 몫보다 더 가졌기 때문에 다른 어떤 사람이 모자라는 것이다. 나눔으로써 상대가 행복해지고 그것을 보는 내 마음이 풍요로워진다면 그것이야 말로 원-원, 즉 상생의 삶이라고 할 수 있다.

## ▎▎ 근자열 원자래(近者說遠者來)

2,500년 전 춘추전국시대에 섭공이라는 제후가 있었다. 별로 선정을 베풀지 못했던지 백성들이 다른 나라로 많이들 떠났다. 이에 당시 가장 현명한 학자인 공자님을 모시고 족집게 과외 수업을 받았다.

그러자 공자님이 간단명료하게 여섯 글자로 축약된 답을 말씀하셨다.

"근자열원자래(가까운 사람, 즉 네 나라 백성을 기쁘게 하라. 그러면 소문 듣고 먼 나라 백성이 몰려올 것이다)."

우리나라의 지방자치단체장들은 외국인 투자를 유치하기 위해 외국에 많이 나간다. 하지만 그보다 더 쉽고 효과적인 방법은 이미 자기 관내에 들어와 있는 외국인 투자기업에게 기업하기 좋은 환경을 만들어주는 일이다. 그럴 때 더 많은 세계적인 기업이 투자하러 오게 될 것이다.

가정사도 마찬가지가 아닐까? 내 가족이 기쁘지 않은데 밖에서만 성공하면 그것은 무엇을 위한 성공인가? 내 가족으로부터 사랑받고 신뢰받는 가장이 되는 것, 이것이 곧 진정한 성공이요 참 행복이 아닐까?